JN279831

スクールカウンセリング

SCHOOL COUNSELING

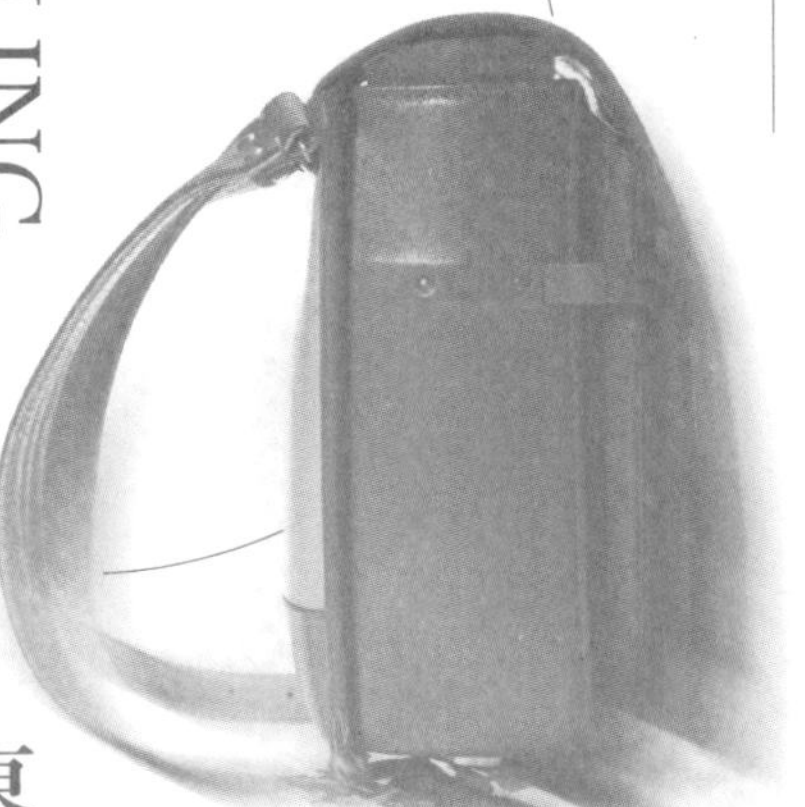

東山紘久［著］

Higashiyama Hirohisa

創元社

まえがき

　平成元年、財団法人日本臨床心理士資格認定協会が臨床心理士の認定制度を発足させた。学校での問題の多発と深刻化に対処して、平成七年文部省（現・文部科学省）が認定の臨床心理士を使って、スクールカウンセラー制度を発足させた。しかし、それまでのスクールカウンセラーは、一部を除いて教師がカウンセラーを兼ねていた。教師の中には、熱心にカウンセリングを勉強していて、資格取りたての臨床心理士など及びもつかないほどの実力の持ち主がいる。私事になるが、今では臨床心理士の指導者である、友人の氏原寛さんも一瀬正央さん（故人）も、最初の出発はスクールカウンセラーであった。教師カウンセラーの中には、実力のない人もいないわけではないが、臨床心理士のスクールカウンセラーより歴史が古く、学校の事情にも通じ、カウンセラーとしての技量もすばらしい人が筆者のまわりにはかなりたくさん見られる。

　臨床心理士が学校現場に独占的に入り込むようになって、これまで教育に携わってきた臨床心理士以外の人々も、独自の資格を創設して、学校でのカウンセリングに参入しはじめようとしている。これからがスクールカウンセラー（臨床心理士）にとって正念場だと思われる。筆者は、学部の学生の頃から、ロジャースの生徒中心授業の研究の場として、カウンセリングマインド豊かな多くの先生方と接してきた。また、附属学校のスクールカウンセラーとして、附属養護学校の校長として、スクールカウンセリングを実践してきた。それらの体験から、スクールカウンセリングについてこれまでもいろいろなところで述べてきたが、ここで一冊の書としてまとめてはどうかとの勧めがあり、本書をしたためることにした。

ここ数年、スクールカウンセリングの本は、巻末の文献リストに示したように、出版ラッシュの感がある。それらはみんなすばらしいものであるので、わざわざ本書をしたためる必要性があるのかと迷ったが、スクールカウンセリングが一つの独立した心理臨床の領域として確立してもよい時期ではないかと思われることから、その一助になればと思って本書を出版することにした。

本書を出版するにあたり、創元社の渡辺明美さんに大変お世話になったことを付記して感謝したい。

平成一四年六月

東山　紘久

スクールカウンセリング　目次

スクールカウンセリング

※注　本書では、臨床心理士が学校で行なうカウンセリングをスクールカウンセリング、そのカウンセラーをスクールカウンセラーとし、教師や臨床心理士以外の人が行なうカウンセリングを学校カウンセリング、その人たちを学校カウンセラーとした。

第1章　スクールカウンセリングの理論

I

学校イメージの変化と国民的コンプレックス

戦後五〇年に際してのＮＨＫの特集番組の中で、太平洋戦争の実際を企画した参謀に対するインタビューがあり、次のような印象深い一言があった。アナウンサーの「どうして、あのような無謀とも思える戦争に突入していったのでしょうか？」の問いに対して、参謀はしばしの沈黙の後、ため息をつきながら静かにつぶやかれた。「それは当時の国民全部に侵略思想があったからでしょうね」参謀が述べた「侵略思想」とは、臨床心理学の専門用語に置き換えると「侵略コンプレックス」ということになるだろう。戦争という大きな犠牲をみんなが払って、周辺国に多大の迷惑をかけて、当時の日本国民がどこかに持っていた「侵略コンプレックス」は、敗戦によって一応払拭された。一応と言ったのは、コンプレックスというものは、なかなか根本的には払拭しがたいものであるからである。

廃墟と貧困から日本国民は必死で立ち上がった。財閥も不在地主も貴族制度も、明治維新以来残っていた封建制度が廃止された。国民はみんな「能力に応じて」平等になった。しかし、人間はよほど業が深い動物なのか、「能力に応じて」が新たな国民的コンプレックスを生んだ。それは「学歴コンプレックス」「平等コンプレックス」「努力コンプレックス」である。コンプレックスとはまことに厄介な代物である。学歴コンプレックスは、いわゆる学歴のある者にとってもない者にとっても、今や日本の国民的コンプレックスに成り上がっている。社会的地位も豊かさも人格さえも、どこか学歴とコンプレックス（複合する）のである。

学歴コンプレックスは、ある意味で学歴がない人よりもある人のほうが大きいことがある。今年（二〇〇二年）のＮＨＫの朝の連続ドラマ『さくら』を見るとよくわかるが、学校に英語を母国語とする外国人が来たときに、英語を話せない数学の教師よりも、英語を話せない英語の教師のほうが英語コンプレックスが強い。地名が読めない地理の教師、漢字を忘れた国語の教師は、他の職業の人よりもそれに対するコンプレックスは強い。学問に遅れをとった大学の教師が、いちばん学歴コンプレックスが強いかもしれない。戦前、日本が版図を拡大するにしたがって、侵略コンプレックスがますます強くなったように、である。

コンプレックスが厄介なのは、そこにあらゆる感情や問題や理屈が複合し、頑固に強固になるからである。理屈では解消しないものであるからである。進路指導は、本来なら子どもの適性と夢と意思をもとに行なわれるものである。にもかかわらず、現在の進路指導の大きなウエイトを占めているのは、上級学校に行くことが可能かどうか、学歴として有効な難易度の高い学校へ入ることができるかどうかのみである。進学の難易度を計る有効な指標が偏差値だということになると、偏差値が重宝される。すると問題が起こると、すべて偏差値が悪いということになる。単なる指標にすぎない偏差値が、あたかも生殺与奪の権威を持っているかのようなイメージを与える。偏差値が戦前の「非国民」の地位を与えられたのである。

これらの問題は、学歴コンプレックスから生じている。そして、これは進路指導の担当教師だけでなく、生徒も保護者もまわりの人も、要するに現在の国民みんなが持っている国民的コンプレックスなのである。国民的コンプレックスは、本音で問題にすることができないタブーとなる。本音が語れなくなるのである。また、コンプレックスから生じている問題の原因探しは、誰かを悪者にしたて、トカゲの尻尾切りに終わることが多い。

学歴コンプレックスは学校といちばん関係が深い。学校は教育を行なう場であり、制度の一つに過ぎない。人類は一〇〇万年の歴史を持つ。人類発生以来教育はあった。しかし、学校が公教育の場として登場したのは、わが国でたかだか一〇〇年あまり前に過ぎない。戦前では一部の人にしか学校は重視されなかった。学校に行きたい子どもが学校に行っていたときには、今学校で起こっているような問題はなかった。「おしん」の時代に登校拒否はなかった。不登校についてはあとでくわしく述べるが、登校拒否の歴史を見ると、最初は成績の優秀な男子に多かった。優秀な男子に期待がかかっていたからである。男女平等思想の普及にともなって、成績の優秀な女子に登校拒否が現れだした。高校へ進学するのが当たり前になった頃から、登校拒否は爆発的に増えだした。成績や性別に関係なく登校拒否が起こってきたのである。学校が行きたい場所から行かねばならない場所に、そして行きたくない場所に変わっていったのである。

学校を行きたい場所から行きたくない場所へ変化させたものに、学歴コンプレックスが深く関与している。学校では勉強が中心である。勉強のできるできないは、努力はむろん必要だが、個々の子どもの能力に負うところが大きい。学習には能力が深く関わっているからである。能力があって勉強の好きな子どもは、努力が苦にならない。努力していると感じていない子どもさえ存在する。ファミコンの好きな子どもが、ファミコンに努力していると感じていないのと同じである。筆者などは五分もファミコンをすると、目がチカチカしてとても耐えられない。もし強制的にやらされれば、ファミコン恐怖症になるだろう。好きな子どもは数時間もやっている。むろん上達も早い。

学歴コンプレックスとともに、廃墟から復興した日本人には、努力コンプレックス・頑張りコンプレックスがある。頑張れば何でもできると思うコンプレックスである。このコンプレックスは、頑張れない人もいるのだという配慮を欠く。努力しても結果が出ない人々を、それでも努力が足りないと叱責し、頑張れなくなった人をますます落ち込ませる作用を、努力コンプレックスはする。阪神・淡路大震災のときの被災者の声に、「頑張ってとこれ以上言わないでください」というのがあった。頑張ってもどうにもならないことがあるという、被災者の心を無視して、まわりが頑張りコンプレックスに支配されていたからである。

戦前の制度的差別に苦しんだ日本人には、今度は、日本が母性文化ということもあって、平等コンプレックスがつきまう。平等コンプレックスと平等であることとは似てはいるが異なる。平等は個性を認めるが、平等コンプレックスは画一化を生む。平等であっても公平でないこともある。平等は人心を豊かにするが、平等コンプレックスは人心や事実を歪める。個性を尊重した教育が戦後一貫して叫ばれているのに、学校教育でいちばん問題になっているのが画一化である。

われわれが平等コンプレックスにやられているからである。問題の解決は、みんなが本心を交流させるところから生まれる。現実を理屈で処理しないで、ありのまま見るところから課題の解決が発展する。正しい理屈は一つではないからである。しかし、国民的コンプレックスになると、本音で討論することがタブーになる。戦前、現実を見て敗戦の予感や戦争反対を唱えることが絶対的タブーであったように、である。われわれが教育の問題、努力の問題、平等の問題で、もし本音で言えないことがあるとすると、それは国民的コンプレックス（タブー）になっているからなのである。

学歴コンプレックスは学校を重要な場所にした。何でも学校に依存するようになった。何か問題が起こると学校の責任にして、学校を非難するようになった。学校が戦後五〇年たち、制度疲労を起こしているにもかかわらず、学校に依存して非難している。このような現象は幼児的発想と近似している。コンプレックスのあるところでは退行が起こり、発想が単純になり、自分を関わらせずに相手の責任にする。「国」「社会」「みんな」などと、責任の所在を抽象化する。これは、子どもが親に何かを買ってほしいときに「みんな持っている」と言うのと同じである。そして、今われわれはこのことに気づきつつある。子どもの問題の多発と経済発展の歪みによって、学校イメージの変革と戦後コンプレックス（学歴・努力・平等）を払拭する必要に気づきつつある。

学校の改革については、中央教育審議会第一八九回総会の各界の意見発表を見ると、国民のあらゆる層から改革の必要性が述べられている。しかし、筆者の偏見かもしれないが、多くの提案が従来から問題として言われていたことのまとめであって、改革的な提案が少ない。唯一の例外は、社団法人経済同友会の「学校コンセプト」を考え直そうとの提案で、「様々な教育機能を有機的に関連づける」構想として「合校《がっこう》コンセプト」の提唱である。教育機能を今のままの学校にのみ頼らずに分散統合する、今の学校のコンセプトを解体するような提案である。しかし、「合校コンセプト」も、それを実施する側の心の変革がなければ、真の改革にはならないような気がしている。学校機能の分散と解体は実際に起こりつつある。塾や専門的なクラブ、キャリア受験のための予備校など、ダブルスクールが現在では当たり前になりつつある。

機能の分散統合だけではなかなか教育の問題は解消しない。学歴コンプレックスを解決する方向に進まないと、教育制度と教育内容のプロ化が進むだけの結果となる。それでも経済同友会のような新たなコンセプトの提唱は大歓迎である。なぜなら、教育改革の意見の大半が抽象的であり、今まで言われつづけながらできなかったことを再度述べている感じがするからである。

学歴・努力・平等コンプレックスのうち、最後の平等コンプレックスは「みんな一緒」という、わが国の母性文化に根ざしている。今、これが国際化の波でゆらいでいる。わが国独特の会社組織や官僚組織は、年功序列と終身雇用制に守られていた。高度成長時代は日本の時代だと吹聴され、会社に対する忠誠心と団結力が世界の経済を支配するまでになっていった。一時代を支配するかに見えた日本的組織が、バブル崩壊とともに、産業転換ができず、アメリカに金融と情報通信の分野で大幅な遅れをとり、再編成の危機に曝されている。日本の母性型の会社運営は、母性が持つつながりの機能は強いが、リストラと再編に必要な父性の持つ切断の機能が弱く、なかなか再編が進まない。そのため、いつものように会社の上層部や身内を切ることができず、中途半端に終わっているところが多い。

今の欧米型のグローバル・スタンダードは、能力主義と結果主義である。いかに効果を上げているかしか問われない。学歴主義の欠点は、学歴があるかないかが問われるだけで、学歴があると見なされたグループは、現在の実力や能力や結果がどうであれ上位グループにランクされ、同じグループのメンバーを能力と結果で切ることができないことである。だから、一度でもそのグループに入れば、よほどの事件を起こしたり、能力が衰退したり、健康を損ねたりしないかぎり、その地位が安泰であることが多い。新潟県警で起きた不祥事は、キャリアと言われる学歴グループの脆さを露呈したものである。だから、わが国では、キャリアになるかならないか高学歴を得るかどうかが猛烈な競争になる。高校生は世界一勉強時間が長いのに、大学生は世界有数に勉強しないと言われているのも、日本では入ってしまえばそれで終了・安泰となるからである。大学生でもキャリアを狙う学生は猛烈に勉強しているし、司法試験は、中国の科挙の試験を除くと世界一難しい試験だと言われている。猛勉強してキャリアに進んだら、司法試験に合格したら、あとは安泰なのである。しかし、学歴は実力とは異なり、過去のものである。実力は変化する。

アメリカは今のグローバル・スタンダードの実践国である。アメリカでの競争は激烈なものがあるが、どこか日本と違うのんびりさもある。それは、能力・努力は必要だが、成功・不成功を決定するのは「運」だという思いが広く存在しているからであろう。このことは、現代の最先端を行くアントレプレナー（起業家）のセミナーで、三％以下しか成功率のない起業ビジネスで、成功するいちばんの要因を、参加者が一致して「運」と答えていたことからもわかる。成功・不成功の要因は運だから、たえず敗者復活戦が繰り広げられている。しかも、「努力が足りない」「根性がない」と言われると人格が傷つくが、運は挑戦者の人格を傷つけることがない。アメリカの社会は、キャリア組とその他のグループとの格差が一生つづくような社会ではないのである。

今の企業は世界が競争相手である。能力主義・結果主義でないと、世界との競争には勝てない。先ほど、日本企業のリストラがなかなか進んでいないと述べたが、世界的な競争力のある会社はいち早く実力主義・能力主義・結果主義を採用している。学歴より実力を重視し、年功序列を廃止している。今までは護送船団方式として同じような個性のない会社が並んでいたが、今では同業種間の格差が拡大している。「勝ち組」と「負け組」と言われるくらいに格差がつき、八〇年代後半から九〇年代前半まででは考えられないような差になっている。トヨタと日産はわが国の二大巨大自動車メーカーであったが、今、トヨタは世界のトヨタだが、日産はフランスのルノーに身売りしている。

役所と公営企業と学校が、グローバル・スタンダードの波からいちばん遅れている。入るまでの競争はあっても、そのあとの競争がない社会だからである。しかし、組織の硬直化と借金財政はやがて弱いものにツケを回す。会社をリストラされた父親を持つ子どもや収入の増えない家庭に、その重圧がしだいに押し寄せてきている。ゼロ金利政策は、年金暮らしの老人から生活の余裕の部分を奪っている。このような雰囲気が社会全体に暗い影響を与えている。若者に閉塞感を与えているのである。組織変革が進まず、改革の必要性だけが叫ばれると、多くの人々は屈折し、挫折していき、国民的コンプレックスの犠牲者である若者の中から破壊行動に衝動的に走る者が出てきている。コンプレックスは心の深い部分、無意識の部分で作用しているから、衝動的犯罪に走った本人自身ですらその真の理由がわからない。突き上げてくる破壊衝動に動かされたのである。彼らと話をしてみるとわかるが、理由はあと追い説明で、本音はただただ現実を打破したかったのである。これらの現象を国際的な視野で見ると、テロを生む国家とアメリカ合衆国やイスラエルとの葛藤の遠因がわかる。国際的競争（戦争を含めて）に破れた国の抑圧された人々がテロに走っているのである。国際的な援助はあっても、それは一時凌ぎ（緊急の援助）であることが多く、援助が組織を改革し、生産手段や競争力を持てるまでにはなっていないことがほとんどではないだろうか。

欧米型グローバル・スタンダードは能力主義・実力主義・結果主義である。それは競争原理そのものである。日本の学校は、学歴やキャリアの選別のため、入るまでは激烈な競争にさらされてきた。それでも、日本社会は多くのノンキャリアを、それこそかなり平等に年功序列と終身雇用制度で受け入れてきた。その社会が、今変化してきている。まだまだ豊かさの蓄積がある日本であるが、大都会の川沿いにびっしりと並んだホームレスの人々の青いテント小屋を見ると、格差の拡大がやがて日本中に広がる不安は隠せない。

学歴や学校を攻撃しながら、保護者と児童・生徒があらゆる無理とも思える依存を学校に示しているのも現代である。勉強は塾に、しつけは学校に、食事はコンビニに依存している家庭が増加しつつある。子どもに問題が起きると、国民感情の代表者を任じているマスコミは、まず学校の責任を追求する。その反面、学校や教師をこれほどまでに信じていない国があるのかと思うほど、学校に対する不信と不満を持っているのも現代の日本である。「今の教育問題は、あまりにも早くから、親や教師の理想化・神格化をしなさすぎるところにあるような気がする」（小此木啓吾『精神分析のおはなし』一七七頁、創元社、一九九九）のである。「教師は生徒から見てただの人であり、その先生の技能や教師としての能力が客観的に生徒たちの評価の目にさらされる。教師が自分自身の能力をたのみにして、教育者としてやっていけるかどうかが、今の教師に問われているのである。教師自身も、いままでのような『縁』の関係のなかに安住することなく、アメリカ的な達成主義、能力主義を身につけなければならない時代が到来している」（小此木啓吾『家族心理学のすすめ』九八〜九九頁、ABC出版、一九八三）のである。

「教師の持つ権威性の弱さは、教師の中にも、カリスマ的人格特性を持った人が少なくなり、些細なことについても親が教師に対する批判的な言辞をもたらすため、教師の生徒に対する権威性の獲得がますます困難になってきている」（瓜生武『父親の深層』日本人の深層分析2、馬場謙一他編、第3章、七七頁、有斐閣、一九八四）、という現象が起こってきている。指導層からカリスマが排除される反面、新興宗教の教祖はもちろん、美容師から職人まであらゆる職業に「カリスマ」が望まれている。オウム真理教に代表されるようなカルト集団の教祖にカリスマを求めて、ある種の若者が殺到していることを考えると、戦後一貫してマスコミを代弁者として権威を破壊してきたことを検討しなければならない時期に来ているようである。今の時代、日本の最高権力者である総理大臣をはじめとして、学校の校長、両親の誰に権威があると言えるのだろうか。

平等と平和を獲得するために抹殺していった権威について考えなければならない時代に入った

のではないだろうか。戦前の権力・権威主義が平和と平等を抹殺したように、今度は逆にケジメと秩序を回復させるために、権威の持つ正当な力を考えなければならないような気がしている。影が日向になったときに、光が影になることを視野に入れておく必要があるのではないだろうか。前総理大臣の「天皇を中心とした神の国」発言も、有事法制整備も、これらの潮流を反映しているようである。むろん、昔のように権力と権威が平等と平和と人間の尊厳を毀損するのはもっと困るのは当然であるが。

II　現代社会と家族

学校を構成しているメンバーそれぞれみんなに家庭がある。学校の変化は、家庭の変化を反映している。家族は社会を構成する単位の基礎である。家族が変化すると、地域社会が変化し、学校が変化し、社会が変化し、国が変化する。国が変化すると社会が変化し、地域社会が変化し、学校が変化し、家族が変化する。集団は有機的に結びついているので、その変化は相互作用を起こす。「勉強は塾に、しつけは学校に、食事はコンビニに依存している家庭が増加している」とやや大げさに述べたが、家族の絆は一昔前とは確実に異なっている。

◇◇エネルギー大量消費の時代と家族——孤立化の時代

人間は群れで生活する動物である。それは群れでいるほうが単独でいるよりも、食料の確保、外敵からの防衛、子育てに有利だったからである。狩猟時代は、大物の狩りをするとき、単独ではひ弱な人間は群れでないとできなかった。狼やハイエナが群れで狩りをするのと同じ原理が人間にも働いていた。移動する時代は群れはそんなに大きくなくてもよかったかもしれないが、定住するようになると、家の構築、潅漑、農作業、外敵からの防衛と、どれをとってもその効果に見合う集団の大きさを必要とした。人間関係や群れの掟を考えるときに、群れで生活する現実的必要性を、現在の実態から考える必要がある。すなわち、食料の確保、防衛、子育ての実態がどのような群れと群れの倫理を必要としているかの現時点での分析と把握が大切なのである。

昔のように一緒に食事をし、会話をし、一緒に寝ることを家族に求めることは、生活様式の変化によって現在はだんだん不可能になっている。それだけ社会や周囲の様相が一昔前に比べて急速に変化したのである。家族が群れの最小単位として機能したのは、家族が群れの機能である、食事・安全・子育てをする上で必要欠くべからざる存在があったからである。人間の食事は火を使う。火は貴重なエネルギーの消費であるから、一度にみんなですませないと大変な浪費になる。そのような浪費をするだけの生産性のない時代はそれができなかった。食事も家族単位ではなしに、長屋や集落単位で行なう必要があった時代さえある。お風呂もつい最近まで、もらい風呂や銭湯がふつうだった。機械化されていない時代は、家族の誰か（主に主婦）が、みんなの身のまわりの世話（家事）をしないと家族が成り立たなかった。洗濯にしても、食事やお風呂の準備にしても、川に行って手洗いで洗濯したり、井戸から水を汲んで薪で炊くお風呂や食事の準備では、専業者がいないと成り立たない。子育てにしても、代替ミルクや紙おむつがない時代には、母親（養母）が必ず必要である。避妊具がなかったり安く手に入らない時代には多産が一般的だったので、母親やそれを助ける女性の存在は欠かせなかった。

このように見てくると、現代という時代は、物理的・物質的に家族が一緒にいる必要性を大幅に減じている。家族がそうであるので、それを最小単位として構成される地域社会も大幅な変化を余儀なくさせられている。結《ゆい》や講《こう》を結成して、屋根の葺《ふ》き替えや共同の農作業をする必要性がない。薪が必要でなくなったので、山の木の下草を刈る必要もない。隣組を作って防犯や防火をする必要性がない。既成宗教が力を持たなくなり、四季感が薄れるにしたがって、共同でする儀式の必要性がなくなった。現代の地域集団としての行動は、平行遊びの子どものように、一緒にいるがバラバラに行動しているに過ぎなくなる。一緒にいるだけでもいやなときは、一人になって籠《こ》もってしまう。他人への関心を失ってしまうので、「隣は何をする人ぞ」となってしまう。

現代という時代が、われわれの世界から物理的に共同作業する機会と必要性をなくしてきた。物理的な必要性が失われたとしても、人間は群れで生活する動物であるため、人間関係は必要である。人間関係を豊かにするための物理的共同作業の機会が失われたことに反比例して、心理的援助や結びつきを強化するための心理的なケアが必要になる。今、自発的に地域が村おこしとして、祭りや行事の復活、郷土芸能への取り組み、老人クラブやボランティア活動に取り組んでいるのも、われわれがどこかでその危機感を肌で感じているからであろう。そのような村おこしの最中に、和歌山カレー事件は起こった。現代人の業の深さを感じさせるような「布置」がこの事件にはあるように思われる。

◈不登校の変遷から見た家族の変化

はじめて不登校児が現れたのが、昭和四〇年前後である。「学校恐怖症」と呼ばれ、一種の神経症であった。彼らは、昭和第一世代（親は明治の人）の子どもたちである。筆者（昭和第二世代）は大学院生から助手時代である。最初に担当した事例が不登校であった。それでもこの頃はまだまだ不登校はめずらしく、地方の学校の教師に「学校恐怖症が都会の学校で見られるようになった」と言っても、「それはどんな子どもなのですか」と聞かれるくらいであった。

学校恐怖症の子どもは、男子が圧倒的に多く、勉強のよくできる優等生であった。教師の信頼も厚く、友達からも尊敬されているようなタイプの子どもだった。その子どもが急に学校を休みだし、理由もわからない、となって、教師をはじめ親たちは脅威にさらされたのである。登校を励ましたり、叱ったり、無理に連れだしたりして、症状を悪化させるのが常であった。河合隼雄が『母性社会日本の病理』（中公叢書）を上梓したのはこの頃だし、曽野綾子が『虚構の家』を出したのもそのすこし前である。

昭和第一世代は、前にも述べたように、学歴という新しい尺度で支配階層を作りだした時代である。それ以前の時代は、人種、信条、性別、社会的身分や門地など、本人の能力によらない尺度で支配者階級が作られていたのに、とって代わった。国民のコンプレックスが、戦前の「侵略主義」から「学歴主義」に変わったのである。第一世代は、青年期から学歴という尺度が適応されたのに対して、その子どもたちである第三世代は、生まれたときから能力による競争社会に入れられていた。しかも、日本は平等主義と身内主義によって敗者復活戦がほとんどない社会機構のため、競争は学歴を得るまでに局限される結果、そこでの競争が世界に類を見ないような激しいものとなる。学校の地位はその過程での象徴となり、成績が何よりも重視されることとなった。この時代は、しかし、期待は男子に限られていた。女子に対しては、親が昭和第一世代であり「明治の母」の孫であるため、学歴が男子ほど重視されなかった。

このときの、不登校が学校恐怖症と呼ばれた神経症であったのは、制度に支えられていた父性が弱体化し、昭和第一世代が持っていた父性のイメージが時がたつ間に社会からだんだん薄れていき、母性と父性のバランスが崩れ、母性の飲み込む否定的機能により、母や「母の家」からの自立ができなかったためである。この時代の典型的な学校恐怖症であった筆者のクライエントに、「自分の身体が、家の大黒柱にゴムひもで縛られており、家から離れようとすればするほど、自分を引き止めようとする力がかかって、学校へ行けない」夢を見た人がいる。筆者にはゴムひもがへその緒に思えた。母に縛られた優秀な男子の姿がそこに見えたのである。

親の世代が第一世代から第二世代へ移行しだし、男女平等の思想が行き渡りだし、女子への期待が高まってくるにしたがって、不登校は、優秀な女子に拡大されていった。その後、高校へ行くのが当たり前になると、不登校は能力に関係せず広がりを見せるようになった。それでも、社会での成功の期待が男子に重点がおかれている時代は、不登校は圧倒的に男子に多かった。女子が不登校気味になっても、親が男子ほど学校に対する圧力をかけなかったからである。心の問題はストレスがかかればかかるほど悪化する。

学歴主義が国民のコンプレックスとして広く行き渡るにしたがって、自分自身はあまり勉強しなかった親たちが、子どもの勉強に執着するようになった。それは、親自身が学歴による新しい社会支配階層に入れなかったためである。親自身がいやというほど学歴による差別化にさらされたからである。子どもにはこのような惨めな思いをさせたくない、という親の悲願が、子どもを受験に駆り立てた。昭和第二世代（親は大正生まれ）の子ども時代の夢が海軍大将であったように、第三世代以後の子どもたちの夢は、東大を頂点とする学歴獲得かお金を稼げるプロ野球選手などに変わった。海軍大将が子どもたちの夢であったのに比較して、「お金を稼げる・地位が得られる」は、親と子どもの夢の合作であるのも一つの特徴である。

ここには、高度経済成長の影が入り込んでいる。貧しさからの脱却を目指して働いた親世代は、子どもたちにお金の力を見せつける結果になった。忙しくて遊んでくれない親の代わりは、お金で買えるものになった。親の力はお金を稼ぐ能力、と子どもに映るようになった。この価値観の変化は、子どもより先に女性（妻）に影響を与えたと言うほうが正確かもしれない。それは、女性の社会進出、経済的自立の思いに拍車をかけた。

これらの新しい尺度は、もともと能力主義と結果主義（遂行主義）に基づいているものである。しかし、日本は母性社会の下地が濃厚な国なので、本音はともかく建前はすべて平等主義が貫かれていた。勉強でも、スポーツでも、もともと能力が違う子どもたちが「平等」という標語のもとに同じようなことをさせられたら、結果に差が出るのは明らかである。しかし、平等主義は、結果の差を能力差に求めずに、努力と根性に求めた。だから、結果が出ない子どもたちは、努力が足りない、根性がないと責めたてられたのである。そのうえ、能力差を示すものは、教育界から排除されていった。知能テストも排除されたし、成績序列の公表も行なわれなくなった。相対評価が廃止され、絶対評価（個別評価）が行なわれ、能力差より努力差をますます見るようになった。偏差値は、相対差とバラツキ（集団の中での）を見るのに便利な指標なので、特にやり玉に上がった。これらの指標は、個人別の成績の達成度を計るのに便利だったのである。どうして個人的な達成度を計る必要があるかというと、大学入試やキャリア試験に定員があるからである。だから、支配者階層（管理職・キャリア）への最終的なパスポートを得るための試験が激烈になったのである。中間地点での競争をなくそうとする試みは、最終パスポートのためにことごとく潰れたか、変質した。高校全員入学、成績別ではなく地域別に高校へ進学することは、その時点での競争を排除した。しかし、その結果、そのような地域の公立高校からは最終パスポートを得る人が激減し、受験に強い私立進学校が勃興した。子どもたちは、ますます個人的な能力差は無視され、努力と根性を強いられていった。

彼らの中には、しだいにコンプレックスのシンボルである学校を敬遠する子どもたちが出てきた。不登校は、能力があり挫折した子どもたちから、能力的に挫折した子どもたち、能力はふつうなのに能力以上の過酷な達成要求のために挫折した子どもたち、ほかのことに興味があって学校の学習以外のことをしていたために学校教育からはじき飛ばされた子どもたちなど、さまざまな様相を見せはじめた。このときになって、不登校は全国どこでもどのような学校にも見られるようになったのである。極端な例は、はじめから競争をあきらめて、無気力になる子どもが出現してきたことである。

冒頭で述べたように、最近の子どもの問題は多様な不登校も相変わらずだが、それ以外にも拡大されている。そこには、学校とは関わらない別の問題が大きく関与しているように思われる。それについては後にくわしく述べる。

Ⅲ　臨床心理学の視点

教育に関する国民的コンプレックスについて述べてきた。ここで、もしみなさんが「国民的コンプレックスを解消するにはどうしたらよいか」と具体的な方法論を安易に考える方向へ行くと、それこそどこかで国民的コンプレックスにつかまってしまう。コンプレックスの解消がどれほど大変かは、臨床心理学を志している者がいちばんよく知っている。個人的コンプレックスについてさえそうであるから、国民的コンプレックスとなると生易しいものではない。生半可にコンプレックスにふれることは、問題の解決どころかより多くの問題を引き起こすこともわれわれは知っている。

スクールカウンセラーは、臨床心理士にとっていちばん難しく、根本的なことが問われる場に入るという覚悟がいる。そこには個人と密室で会うときと、次元が異なるような大きな問題が背後にあることを常に認識しておくことが必要になる。スクールカウンセラーは、個人的なレベルの問題はさておき、ほとんど何もできないと思っておくほうがよいくらいである。そして、何もできないことを知っている人が、根本的なことをいちばんやれる可能性がある人なのである。

コンプレックスを解くために、カウンセラーには常に心の原理に対する豊富な知識と現実吟味力が必要になる。問題のレベルを把握する力が不可欠になる。カウンセラー自身の心が問題解決を求めたり焦りを感じたら、原理を思い出せばよい。スクールカウンセラーは原理を他人やまわりに言う人ではない。自分が原理を行なうようにするのである。原理とは「カウンセラーは何もしないことに最大の努力をする」「魂にメスはいらない」「こころの原理は二律背反」「自然《じねん》」（河合隼雄）などや「ただただ聞くとよい」「心を開いて、ありのままを見て、自分を持ち、相手に共感する」「人間は自分を維持することしかしないものである。カウンセラーは、相手に何かをさせようとするのでなく、相手が自分をありのままに出せる雰囲気を作ることができるだけである」（ロジャース）など、この道の先達の味わい深い言葉で表現されていることである。そして、何よりも自分自身の原理を常に考え、それを身につけることである。臨床心理学的視点からスクールカウンセリングを考えようとするならば、まず自分の臨床心理学を構築することを、初歩的なレベルでもいいから始める必要がある。

臨床心理学は異常心理学と言われていた時代があった。異常と正常、適応と不適応をどのように定義するかは、臨床心理学の大きな課題である。問題行動をどのようにとらえるか。そもそも問題行動とは何かも大きな問題である。あるときは妄想様の異常行動が目立ち、あるときは反社会的で境界例のようなふるまいをする人が、故郷へ帰るだけでそのような異常行動がなくなることだってある。このような場合、彼が異常だったのか、彼の環境、現代の都会環境が異常だったのかとの疑問が残る。適応にしても、生理的適応、社会的適応、心理的適応があり、社会的にあまりにも適応しすぎるため心理的不適応に陥る人が多くいる。「いい子が問題児」との見方さえある。

問題の多発は未来展望をするときの単純化を防ぐ警鐘である。それは現代のあり方を問う警戒信号である。臨床心理士は当事者の問題を解決する人ではない。当事者が自分の問題を解決できるようにするヘルパーである。しかし、スクールカウンセラーとして学校へ派遣されたら、まわりから問題の解決を迫られるであろう。母親カウンセリングをしていると「どうしたらいいでしょうか」と聞かれることが多い。「どうしたらいいか」は理論的に言えても、当事者にはそのようにできないことのほうが多い。できないから問題になっているのである。答えのないことに適当な誤魔化しの答え（しばしばそれが理想的な答えの形をしていることもあるが）をすることがいちばん問題になる。たとえそれが理論では正しいとしてもである。カウンセラーは、答えのないことは答えられないことを知っている人である。同時に、知恵と情報が役に立つことも知っている。知恵は知識と違って「時」を持っている。少ない知識は偏見になる。しかし、多くの知識を持っていると、人間の心は複雑なので、知識と知識の間に矛盾（二律背反）も生じ、知識は「時の氏神」が作用して知恵になる。臨床心理学的に言えば、カウンセラーは「いま・ここ」に存在するように存在すべし、ということであろうか。

Ⅳ　臨床心理学と学校教育

学校教育において、心理学の必要性は早くから認識されてきた。それは、教員免許状に教育心理学が必須科目になっていることからもわかる。教育心理学の内容は、編者によって若干の特色はあるが、おおむね、発達、学習、人格、集団、知能、評価、教師の役割、適応、障害、から成り立つ。心理学が実験心理学を中心にして発展してきた歴史を持つため、教育心理学は児童・生徒の効果的な学習とすこやかな発達を促進するために、調査や実験から得られた知見を中心にした内容になっている。また、学校教育の主な対象が児童・生徒であるため、当然のことながら青年期以降は取り上げられていない。

教員免許の取得のために教育心理学が必須なのは、教師に教育心理学の素養が必要だと感じられたからである。しかし、多くの教師は大学で習った教育心理学が現場ではほとんど役に立っていないと言う。これらの反省に立って、現在の教育心理学の教科書には、従来では臨床心理学の分野と思われていた具体的な教材が増えてきている。その意味で、教育心理学に臨床心理学の分野が大幅に取り入れられてきていると言えよう。

臨床心理学の内容は、これもまた編者によって若干の特色が見られるが、おおむね正常と異常、適応と自己実現、意識と無意識、人格の発達、心理検査、心因性の症状、心理療法から成り立っている。これらは、教育心理学の内容の後半の部分と重なりを見せ、それらが心理臨床の実際を踏まえて述べられている。教育心理学が青年期までなのに対して、臨床心理学は人間の一生を考えるので、誕生から死に至るまでのライフサイクルが取り上げられている。

興味深いことに、現在に近づくほど、教育心理学の内容に臨床心理学の分野の領域が取り入れられている。敗戦から経済発展までは、戦後のベビーブームのため教室に子どもたちがあふれていた。二部授業が行なわれたり、一クラス六〇人を超える教室さえめずらしくなかった。しかし、経済的貧困による子どもの問題はあったが、不登校も子どもの心身症も顕著な問題ではなかった。経済的発展が確保され、世界有数の富める国になった頃から、子どもの心理的問題が増加しだした。一学級の人数が四五人になり、さらに四〇人学級が実現して、昔と比べて一人ひとりの児童・生徒に対する教師の目が行き届いているはずなのに、問題が増えてきたのである。非行に関しても、粗暴行為は減少したが、万引きや性非行やシンナー吸引は増加していて、全体としては減少したとは言えない。子どもを取り巻く環境が変わってきているのに、学校の援助的なシステムがそれに十分対応できていない。問題が内向し、学校運営に関して、教師の今までの考えや知識では、問題に対応できなくなってきているのが現状ではなかろうか。それゆえ、スクールカウンセラーが派遣されることになったのであるが。

V　スクールカウンセラーに必要な資質

「何もしないことに最大の努力をする」ことと「何もしないこと」との間には、天と地ほどの差がある。「理解して聞くこと」と「漫然と聞くこと」の間にも、天と地の差が存在する。スクールカウンセラーは国民的コンプレックスが渦巻く学校へ入るのだから、それ相当の覚悟がいる。

スクールカウンセラーには学校に対する知識がいる、と言われている。たしかに、学校に対する何の知識もなければ、スクールカウンセラーは務まらないだろう。しかし、学校の知識がないからスクールカウンセラーはダメだというのは嘘である。なぜなら、学校の知識は教師や管理職がいちばん多く持っているからである。教師や管理職に臨床心理学の専門的技量がないから、スクールカウンセラーの制度ができたのである。今、学校側の人から、スクールカウンセラーには学校をよく知っている人がなるべきであるようなキャンペーンがなされているが、これは誤りである。

四〇年ほど前に、ロジャースの来談者中心療法が爆発的にわが国に導入され、学校へも導入された。当時、カウンセリングは教師の間でブームにさえなった。しかし、だんだん廃《すた》れていった。一部のマニアックな教師を除いて、教師でカウンセリングをする人はなくなっていった。どうしてかと言えば、その当時のカウンセリングの技量が未熟だったからである。ロジャースの理論を導入した、指導的役割をとった人でさえ、現在の臨床心理学の水準と比べると素人の域を出ていなかったと言っても過言ではないだろう。それでも、指導と助言と説諭を主な手段としていた当時主流だったやり方よりも、カウンセリングが役立ったことも事実であった。熱心に子どもの話を聞くことが問題の解決に役立ったからである。当時の臨床心理学の先達は、その後外国に留学し、国際資格を取って指導に当たってきた。それによって、わが国の臨床心理学の技量は格段に進歩し、専門家として熟練したカウンセラーが輩出してきた。そんな流れの中で、心の問題は、子どもだけでなく大人の間にも広がりと深さを見せてきた。問題が一段と難しくなってきたのである。

スクールカウンセラーとして学校から歓迎されるのは、臨床心理士として一級の技量を持つ人である。技量とは技術と度量の総称である。技量の高い臨床心理士は、クライエントとラポールを形成する能力に優れている。学校に派遣されたら、学校関係者とうまく人間関係を結ぶ能力があり、学校のことを学校関係者から学ぶ力に優れている。臨床心理士としての能力が高くなければ、専門家として存在できないからである。

スクールカウンセラーとして、次に喜ばれる人は、ある水準に達しているカウンセリングの技量があり、学校や集団に対するセンスがある人である。人との関わり方には個性がある。対人恐怖症の人には、「人」見知りする人と「場」見知りする人とがいる。両方ある人もいるが、人見知りはするが場見知りはしない人もいる。カウンセラーにも一対一の人間関係が得意な人と集団の人間関係が得意な人とがいるのである。集団の人間関係が得意な人は、学校場面への適応がよい。そこにカウンセリングの技量があると、スクールカウンセラーとしていい仕事ができるのである。

スクールカウンセラーとして、学校側から遠慮してほしいと言われる人は、臨床心理士としての技量が低い人である。それを認識している人はまだしもであるが、臨床心理士の資格を自己防衛に使い、専門家であることを宣伝している人にそう言われる人が多いようである。資格も必要であるが、専門家はその技量によって評価される。技量が低いのに専門家面をする人は、専門家とはほど遠い人である。「学校のことをよく知らないので」と断られるスクールカウンセラーは、学校のことを知らないのではなく、専門家としての技量が低いことを認識する必要がある。

それでも、個人のカウンセリングルームと学校のそれとは異なっている部分がある。学校場面は日常性が支配している、まさに現実の世界である。スクールカウンセラーは、学校という日常場面に入って非日常的な作業を行なわなければならない。そのためには、スクールカウンセラーには、カウンセラー自身の現実適応力と非日常・非現実の世界が理解でき、二律背反的な力が不可欠になる。日常の世界と非日常の世界の交流をさせることができるコミュニケーション手段を持っておくことが大切になる。

「カウンセラーの常識は世間の非常識」と言われるような、特異な常識の持ち主がカウンセラーのなかには結構いる。それはカウンセラーが心や魂の世界で仕事をしているからである。個人で、密室で行なわれるカウンセリングでは、不思議なことにこのようなカウンセラーで力が発揮できる人もある。しかし、ユングが述べているように、本当に深い心理療法は、現実の基盤がしっかりしていないとできないものである。

クライエントはカウンセリングルームに入るときと出るときに、非現実と現実の関門をくぐる。ときにはいろいろな儀式的行為でもって、現実と非現実の切り替えを行なう。カウンセリングルームの中では常識のレベル、枠組み、見方を変え、外では枠組みを世間的なものにしている。カウンセラーが持っている非日常的な枠組みの中で、クライエントは心の現実（しばしば世間の常識とかけ離れた現実）に出会い、自己を変革し、自己の枠組みを拡大し、自我を強化して、世間の中に自己の地位を確立していく。

先にも述べたように、学校場面は現実場面である。カウンセリングルームが学校内に設けられていたとしても、日常と非日常の壁は薄い。高校生のクライエントに、カウンセラー個人のカウンセリングルームでタバコを吸ってもいいかと聞かれるのと学校のカウンセリングルームで同様の質問をされるのとでは、たとえどちらの場合も拒否するとしても、カウンセラーへの圧力が異なる。担任の悪口をさんざん言ったクライエントを見送った直後に、その担任と廊下で出くわすことが起きる。クライエントの言葉に共感している度合いが深いほど、担任に対して否定的な逆転移が起こる可能性がある。クライエントの問題を学校場面を含めて解決しようとすれば、担任の協力は不可欠になる。個人の面接場面だと担任に会うまでに一呼吸入れることができるが、学校場面ではそれができないことが多い。

非日常と日常の壁の薄いところでカウンセリングをするときに、スクールカウンセラーに求められる資質は柔らかさとオープンさである。派遣されて行った学校にカウンセリングルームがないと嘆いていたカウンセラーがいたが、このカウンセラーはふだんの個人カウンセリングルームの考えを学校へ持ち込もうとしていて、スクールカウンセリングに対して自分なりの枠組みを固く持っている人である。カウンセラーが嘆いていたのでは、そのときのカウンセラーは、カウンセラーではなくクライエントである。学校中がカウンセリングルームだと考えればすむ問題である。柔らかさの指標はユーモアのセンスである。相手が笑えば問題に取り組めるのである。

立派なカウンセリングルームを作ってもらったが、生徒が相談に来ないと嘆くカウンセラーもいる。来なかったら出かけていけばよい。そこは学校なのだから、時間も労力もかからない。

学校は組織体である。組織体は機能の分化とそれに所属する集団から構成されている。スクールカウンセラーは、学校へ入った途端に組織体に組み込まれる。組織はカウンセラーを学校に取り込もうとする。スクールカウンセラーはもともと学校の組織を構成していたメンバーではないので、組織のほうも組み込みに苦慮する。しかし、組織に入ったからには仲間を作らないと活動がしにくい。いじめを解決しようと学校に入ったスクールカウンセラーが、学校組織から八分になったのでは、それこそマンガである。

以上いろいろ述べてきたが、これらをすべてできるスクールカウンセラーは少ない。われわれはみんな途上人である。これに関しての具体的な対応は第3章で述べる。

VI　児童・生徒に生じる心の問題の多様性と深刻化

最近、事例研究会や大学院生のケースカンファレンスで検討される事例を見ていると、筆者が心理療法をしていたころと比較して、問題が深刻化・重症化している。インテークカンファレンス（受理面接）で検討される新しいクライエントも、従来のクライエントから見ると心の病が重いクライエントが多い。精神科医が扱う患者と臨床心理士が取り組むクライエントに差がなくなってきたように思える場合が多い。だから、臨床心理士のところへ来たクライエントも、一度は精神科医の診察を受けてもらったほうがいいような人もあるし、精神科医から臨床心理士にリファーされてくる患者も多い。精神科の病気でも、もちろん重症の患者も多いが、分裂病にしてもうつ病にしても軽くなってきている傾向がある。臨床心理士のところへ来られるクライエントが難しくなってきているのと逆の傾向があるような感じさえする。

理由がハッキリしない未成年者同士による殺人が続けて起こった。彼らは精神科の治療を受けているようだが、多くは外泊を許可された患者や通院患者で、精神科医が強制的に入院させておかねばならないような重症患者と判断していないような人である。神戸の猟奇的な殺人を犯した子ども精神科医にかかってはいたが、精神科医は事件が起こるまでは重症患者とは見ていない。起こした事件が大きくて、マスコミに取り上げられたため問題になっているが、彼らの予備軍となるとそれこそその何倍もあると思われる。それは、このような問題が起こるたびに、精神科医や臨床心理士に自分の子どもは大丈夫だろうかとの問い合わせが、かなりの数にのぼることからもわかる。

どうしてこのようなことが起こっているかを追求することは、なかなか難しい。われわれの体験から言えることは、子どもたち（大人も含めて）の心の安定の基盤が弱くなっているということである。子どもが成長する基盤の強度が弱くなっているのである。昔は未利用の土地が多くあり、崖の傍や大河の近くや地盤の弱いところには家を建てなかったが、今はずいぶん危ない土地に家が建てられているのと類比できるかもしれない。一昔前には、養護施設児のプレイセラピーにしか見られなかったようなプレイ（敵も味方も全滅する、仏や神も悪事をする、スーパーマンやウルトラマンも弱くて、怪獣にすぐにやられてしまう）が、今では家庭児に見られるようになっている。これは、家庭児の環境が養護施設児のそれと差がなくなっていることを意味している。虐待児の増加や一人で食事をする子どもの増加、二者関係は持てるが三者関係が持てない子どもの増加は、子どもが求める子どものための安定した心理的物理的環境が用意されていないことを示している。

このような難しい子どもが、ほとんど何のケアも受けずに学校へやって来る。学校は制度的にも法的にもこのような子どもの入学を断れない。にもかかわらず、これらの子どもを受け入れる制度がない。スクールカウンセラー制度はまだまだ不完全ではあるが、そのような子どもたちに対応する唯一の制度だと言っても過言ではないだろう。高等学校だけがこれらの子どもの受け入れを拒否できるので、高等学校の中退の増加が二〇年前と比べると飛躍的に増加しているのもうなずける。

問題点ばかり書いたが、スクールカウンセラーはこれらの子どもたちと水際で会うことができる。また、重症化する前に会うことができる。どこにも居場所がない子どもたちは、スクールカウンセラー導入以前は、体育館の裏手や屋上、先生の目が届かないところでたむろするか、保健室に常連としてやって来るかだった。スクールカウンセリング導入以来、それらの生徒たちが、昼休みや放課後に大挙してスクールカウンセラーのところへやってきている。彼らはスクールカウンセラーや友達と雑談したり、遊んだり、一人でマンガを読んだりしている。心理療法を受けるとか悩みを相談するのではない。ハッキリした目的で、カウンセリングルームを訪れているのではない。怪我をしたから保健室へ来るのでなく、何もないのに保健室を訪れる常連の生徒と同じである。保健室は学校によっては何もないのに行くことを禁止されたりするが、カウンセリングルームならこのような制限はない。

これらの生徒たちを見ていると、いろいろ興味深いことがわかる。ある集団がカウンセリングルームを占めていると、他の集団は来ない。相当広いカウンセリングルームでは、部屋を見えない壁で区分けして、住み分けている。彼らから見ると心理療法が必要な変わった子どもがやってくると、カウンセラーにその子どもを任せて退出したり知らないふりをしたりして、その時間はカウンセラーとは関わらないようにしている。それでもカウンセリングルームに来ているかぎりは問題が深刻化しないことが多い。カウンセラーは別に何もしていないのだが、一緒にいて彼らのようすを見ていたり、雑談の仲間になっている。そのことが重要なのである。カウンセラーが変わると、まったく来なくなったり、性格の異なったグループがやって来たりするから、何もしないように見えるカウンセラーの存在が重要な意味を持っていることがわかる。

スクールカウンセラーの役割は、児童・生徒への直接の心理療法やカウンセリングの機能のほか、管理職や教師のコンサルタント機能やスーパービジョン機能、保護者のカウンセリング機能、いろいろの人間関係や環境を整えるリエゾン機能を持っている。それらの点はあとの章でふれるが、心の成熟基盤が弱くなっている現代の子どもたちにとって、安心できる人と場の提供が、予防的観点を含めて大切な機能であるように筆者には思われる。学校はどうしても教科教育が中心であり、学習に重点がおかれる。そのような雰囲気の中に、心を育てる、心の育つ場所があることが、これからの学校には必要となる。教育は、教えることと育てることの両方が必要である。河合隼雄は『子どもと学校』（岩波書店、一九九二）の中で、「知識を注入するのではなく、自らの力で知識を獲得できるように育てることを考えよう。あるいは、自分の力で育つことを援助できないかを考える」と述べているが、今の学校では、カウンセリングルームとスクールカウンセラーがこのための大きな役割を果たしているように思われる。

VII　まとめ

心の問題が増加している今日、臨床心理学はそれを解決援助するための有力な方法を提供している。子どもは将来大人になる。子どものときに心の問題を解決する援助を与えることは、心の問題の拡大再生産を予防する。心の問題にとりつかれている親に育てられた子どもは、心の問題を抱えやすい。心の問題を抱えている教師も心の問題を持つ子どもを生み出す。心の問題を抱えている管理職は、心の問題を教師に起こさせやすい。

学校はとかく子どもをコントロールしようとする。真のコントロールは自己コントロールである。管理職は管理するのでなく、教師の自己コントロールを促進するのがその役割である。教師は子どもを管理するのでなく、子どもの自己コントロールを育てる役割を持っている。カウンセリングや心理療法的なアプローチは、まさに自己表現を活発にし、自己コントロールを増大させるのを目的としている。臨床心理学的知見が学校教育に生かされることが今後の教育にとっていかに大切かが、おわかりいただけると思う。このことは第8章でもう一度くわしく述べる。

●引用文献

河合隼雄『子どもと学校』岩波書店、一九九二
東山紘久「学校カウンセリングの諸問題」氏原寛他編『臨床教育心理学』創元社、一九八三
東山紘久「臨床心理学と学校臨床」河合隼雄・山中康裕編『臨床心理学入門』こころの科学増刊号、97～101、日本評論社、一九九四
東山紘久「スクールカウンセラーのための理論」大塚義孝編『スクールカウンセラーの実際』こころの科学増刊号、20～24、日本評論社、一九九六
東山紘久「現代社会と家族」『講座臨床心理学』第8巻4章、岩波書店、二〇〇〇

第2章　学校における教育相談活動の歴史と現状

I　はじめに

子どもの問題がマスコミに取り上げられない日がないほど、現代において教育の問題は学校・家庭・社会を問わず大きくなっている。不登校一つを取り上げてみても、文部科学省の調査では、長期欠席者（年間五〇日以上の欠席）が、昭和六二年、小学校で二一、四〇一名、そのうち学校ぎらいを理由とするもの五、二八六名（二四・七％）、中学校ではそれぞれが五六、三一二名、三二、七二五名（五八・一％）あり、昭和五〇年を一〇〇とした場合、昭和六二年は小学校が一八七、中学校が四二五と、約二倍から四倍の増加になっている。現在では、不登校中学生を四国全県の中学校に集めたとすると、全部の中学校が空になるほどにふくらんでいる。

また、不登校児童・生徒がどのような機関を利用して相談・指導・治療などを受けているかについて大阪市教育委員会が行なった調査によると、受けていない児童・生徒が、昭和六三年度では小学校で四九・二％、中学校で六四・九％あり、不明分を合わせると小学校で半数、中学校では七割近い児童・生徒が、相談機関では相談を受けていないことがわかる。学校以外の相談機関で相談を受けていない児童・生徒は、学校での対応で十分なので他の相談機関まで行く必要がなかったのだろうか。もし、そうであるならば、学校が果たしている役割が大きいと言えるが、ますます不登校生徒が増加している点を考えれば、学校での成果が上がっているとは、一概に言えないような気がする。そして、長期欠席児童・生徒以外にも、学校では非行をはじめとして多くの問題があり、特に高等学校では近年中途退学者の増加傾向が著しい。これらの児童・生徒の問題を解決するにあたり、心理臨床的なアプローチが現場から望まれていると同時に、学校現場での心理臨床活動のあり方がまさに問われているのが現代である。このような社会的背景を受けて、特効薬的な期待を担って導入されたのがスクールカウンセラー制度である。

平成七年四月から全国各都道府県に三校、週二日、一日四時間臨床心理士である学校カウンセラーが配属されることになった。現在は全国すべての学校にスクールカウンセラーを派遣する方向でその整備が進んでいる。これは、いじめによる自殺や登校拒否の爆発的な増加をすこしでも予防し、教育の場における心に関わる歪みを専門家によって改善しようとする試みである。明治初期に始まった学校制度の確立は、わが国の教育レベルを向上させ、世界有数の教育熱心な国にした。しかし、何ごとにも二つよいことがないように、国家主導の教育は、権力的な色彩と保守的な風土を教育界に温存する結果となった。戦後の民主主義の中においても、教育界は政治の嵐に巻き込まれ、組合と政府の対立の図式を鮮明にし、双方とも子どものためと言いながら、子どもを忘れた争いを繰り返した。権力的な構図は、教育に必要な権威を失墜させるに至っている。教師は自信をなくし、子どもは受験以外の目標をなくした。帰国子女の九割が、受験を除くと外国での教育のほうがよかったと述べていることからも、わが国の教育の現状は深刻な課題を持っている。心の荒廃は、物の豊かさ、家族構造の変化と相まっていっそうの拍車がかかったのである。心のケアは何も専門家の専有するところではない。家族や友人、教師や大人が自然に行なえているほうがむしろ自然である。それが難しくなったのが現在である。ここに臨床心理士という心の専門家が学校現場に必要とされる理由がある。

しかし、教師による相談活動はそれ以前から行なわれていた。臨床心理士によるスクールカウンセラー制度を考えるうえで、今まで学校で行なわれていた教育相談活動を総括しておく必要があろう。

II 学校における相談活動の現状と問題

心理臨床活動には教育的な活動があり、教育活動には児童・生徒の心の理解が不可欠であることから心理臨床的な活動が含まれていて、その境界線を引くことは実際には困難であるし、あまり意味がないように思われる。教育基本法第一条に掲げてある教育の目的の中にある「人格の陶冶を目指し」は、心理療法の目的である人格の成長や変容と意味上ではそんなに違ったものとは思えない。学校教育の中心をなしている授業にしても、伝統的な知識・技能の伝達を主としたものから、ロジャースの「生徒中心授業」のように来談者中心療法の基本を授業の精神にしたものまで幅広くある。そして、心理療法の中にも行動療法のように、学習理論を中心としたものがある。だから、広義には、学校教育活動のどのようなものをとっても、心理臨床的な活動や精神が含まれていないものはないとも言える。

心理臨床活動の専門家である臨床心理士の資格認定制度は昭和六三年に発足した。臨床心理士の業務内容は、臨床心理士関係例規集を見ると、臨床心理士倫理綱領の前文に「専門家としての知識と技能を人々の福祉の増進のために用いる」、第二条に「臨床心理士は訓練と経験によって的確と認められた技能によって来談者に援助・介入を行うものである」との規定があり、専門業務は心理査定、心理面接、研究、地域援助となっているが、スクールカウンセリングではそのすべてが必要とされる。ここでは、まず教育固有と考えられている活動に比べて、学校で行なわれている心理臨床活動らしいものの検討から始めよう。

心理臨床活動の主なものは、心理査定と心理相談であろう。心理査定に関しては、従来学校で種々のテスト、たとえば、知能検査、性格検査、職業適性検査、親子診断検査、および児童・生徒の問題を早期に発見したりスクリーニングするための諸検査などが行なわれていた。しかし、これらの検査の施行方法や後の利用に関して、本当に児童・生徒の理解と指導に役立っているのか、との問いかけに対して、学校で心理検査を有効に生かすための教師の技能や知識の未熟さもあって十分な答えができず、すたれているのが現状ではないだろうか。心理臨床活動はどれをとっても二律背反の面がある。特に心理査定は、取り扱いに習熟しないと児童・生徒の選別にのみ使われ、児童・生徒の理解に立ってその指導に有効に生かすようにはならないことがある。これらは、教育評価にも同じ問題があり、結果をどのように利用し、フィードバックするかにその意義がかかっている。また、フィードバックをいかにするかは、相手理解の上に立たないといけないので、相談の基本に関わる問題でもある。これらを有効に生かすためには、心理臨床の技能の向上が図られねばならないと思われる。

心理相談、学校では教育相談と呼ばれる相談活動は、現在日増しに活発になってきている。多くの学校、特に高等学校では、教育相談が校務分掌になってきている。心理的な要因が関与する問題行動は、大きく分けて、身体症状に現れるもの、非社会的行動（精神症状）として現れるもの、反社会的行動（非行）として現れるものがある。心理教育相談は、理論的にはこれらどのような症状に対してもアプローチが可能であるが、精神的内省の少ない心身症の生徒の場合、学校では従来あまり問題になってこなかったようである。これは、教師は教育に関心があり、身体の病気は医師や養護教諭の領域と考えていたためである。だから、非行と心身症の場合では、あきらかに教師の取り組みや姿勢に差が見られる。精神症状の場合は、まさに心理教育相談の守備範囲であるため、症状の困難性と相談者の技術の問題以外は相談担当者に任されるようである。いちばん問題になるのは、非行の場合である。非行は反社会的問題であるため、他に被害をおよぼす。そのため、周辺の反発が大きくなりがちである。学校に教育相談部よりも補導部や生活指導部が早くからおかれているのも、学校や教師にとって非行をどうするかが大きな問題であるからである。現在は、これら三つの領域が輻輳し、重度化してきて、症状による分類や処遇が一律的に決められないようになってきている。

カウンセリングはもともと職業指導（vocational guidance）にその沿革の一つを持っている。職業指導を含めた進路指導は、学校現場で行なわれる大切な心理臨床活動の一つである。しかし、養護学校の高等部や就職率の高い高等学校を除いて、進路指導は進学指導になりがちで、しかも指導の実体は子どもたちの心理を含めた相談というより偏差値による学校選びになっているところが多い。本人の希望とは違った進学により、進学しても退学したり、無為な学校生活を送る生徒・学生は枚挙にいとまがない。このように言うと、現場の教師からは、偏差値による学校選択は、現実の問題だと言われそうだ。ロジャースが来談者中心の理論を考えるきっかけになったケースは、従来から行なわれていた指導に基づいた最適の職業指導をしたにもかかわらず、来談者が立ち去らず、黙って話を聞くうちに、来談者自らが自分の道を見出したことによる。これを考えると、現実的な難しさはあっても、すこしはよりよい方法があるのではないかという気がする。

最近、学校の先生方と話していて、家庭で当然行なわれなければならないと思われるしつけや日常行動を学校で教えなければならない、との嘆きが聞かれる。たとえば、家庭の内風呂にしか入ったことがない子どもを修学旅行に連れていくと、常識では考えられないことが起こるそうだ。大きな問題ばかりでなく、このような日常生活に関しても、親と相談することが大切になってきている。

Ⅲ　学校現場における心理臨床活動のよりよいあり方をめぐって

──教育相談・生徒指導・進路指導・養護・学校精神衛生など──

学校における心理臨床活動は、専門家が行なうそれとは、場の力動や対応する人間の経験や知識、技能が異なる。学校臨床における専門家についてはあとに述べるが、スクールカウンセラー制度が導入されたとはいえ、学校では教師がその役割をとるのがわが国の現状であろう。教師の日常活動の中心は授業である。相談活動にしても、生徒指導にしても、生徒は教師の日常の姿を見ている。日常の姿勢や態度と異なる態度をとっても、誰もそれを信用しない。生徒とのラポールがあってはじめて学校現場での心理臨床活動が成り立つ。先にすこしふれたが、ロジャースは生徒中心授業によって、学習が効果的に行なわれるばかりでなく、生徒の人格的成長が促進されると述べている。われわれが調査した結果では、授業はその方法論が問題ではなく、子どもの心をうまくつかみ、効果的な授業が行なわれ、ふれあいのあった学級は、授業形態や方法論が異なっていても、学習・人格の双方に効果のあることがわかった。要するに、○○法が効果を持つのではなく、それを行なう教師のあり方にこそ、大きな効果が見られたのである。

教師が相談活動をする場合、その最大の資質は授業が上手であることのように思われる。うまい授業は生徒の心をつかんでいなければできない。自分の位置づけ、目標がわかっていないとできない。生徒とともに歩ける姿勢が必要になる。それがないと、カウンセリングルームを作っても、教育相談の校務分掌を整備しても、生徒はなかなか相談にやってはこない。設備の立派なカウンセリングルームが半年経てば、物入れや倉庫になっていた例がめずらしくないのが実情である。設備は大事であるが、それを行なう人はもっと大切である。

心理臨床活動はもともと個に働くものである。それは、どこかにフォーマルでない面を含んでいる。問題の少ない、子どもたちが元気な家庭には、雑談がある。雑談を楽しくやれている家庭にまず問題児は出ない。問題が起こったときでも、両親が固く（フォーマルに）ならず、心開いた態度をとると、早晩に問題が解決することはよく知られている。両親が面子や社会的対面にこだわらなくなり、子どものことを中心に据えたときに、問題が解決されるのである。学校でも同じであるように思われる。

教育相談室が活況を呈している学校は、それを行なっている先生の質が高いこともあるが、相談室を作った過程が自然であるような気がする。日常教育活動から相談室に移行しているのである。ある高等学校の例であるが、カウンリングに興味を持ち、勉強していた一人の先生が授業（国語）の中で自然に人間の感情や心にふれていった。生徒たちは熱心に授業に聞き入った。そして、心理学に興味を持った生徒たちが、心理クラブを作ってくれるように学校側に働きかけ、心理クラブが学校の公認のクラブとして認められた。放課後、部室にやってきた生徒を中心に、雑談を中心にした心理の勉強が始まった。それは、エンカウンターグループのような雰囲気を持ったものであった。心や自分に関心のある、ときには心を病んだ生徒が次々と部員になっていった。時間の経過とともに、いく人かの生徒が個人的に先生にカウンセリングをしてほしい、と言いだした。相談室が部室の隣に設けられた。先生だけでなく、部員同士でカウンセリングをもロールプレイともつかない相談を始めるグループも現れた。ピアーカウンセリングの自然発生である。部員以外にもうわさが拡がり、一般の生徒が相談室を利用するようになっていった。それから数年後、その先生が学校を変わられても、相談室は健在だそうである。

別の高等学校では、教育相談担当で家庭科の先生は、生徒がより自然でいられる場として、調理実習室を昼の休憩時間とある決まった日の午後に開放した。飲み物やおやつ、ときにはラーメンなどを作って、生徒と教師がともに食べながらの雑談に花が咲いた。教室では心を閉ざしていたり、どことなくよそいきの雰囲気を持っていた生徒たちが、調理室にやって来ると人が変わったように打ち解けはじめた。それは言ってみれば、スラブソンの活動精神療法に似た雰囲気を持つグループであった。そのうちの何人かが、個人的な相談を先生にしはじめた。だんだんとそのような生徒が増えはじめたのは、先の例と同じである。

教育相談担当の養護教諭が保健室を雑談場所に提供し、同様の成果を見ている学校もある。大学には保健管理センターやカウンセリングセンターの名前で学生の相談にのっているところは多い。その中には、カウンセリングルームという名前を使わず「懇話室」となっているところもある。学校は相談の専門機関ではないので、気軽に相談できそうだという雰囲気が大切なようである。相談活動、心理臨床的な活動は、根気とエネルギーが相談担当者に要求される。学校でこうした活動をすると、その担当者の仕事が過重になることがある。それを分散するには、学校で相談活動に対する組織が必要になる。ある養護学校では「子ども会議」と称して、特別な心理的、社会的、身体的ケアが必要な子どもに対しての全体会議が一学期に一度開かれる。校長、教頭をはじめ関係の先生や参加できる全教師、それに必要ならば校医や臨床心理士にも呼びかけて開かれ、対象の子どもにどのようにアプローチするかを考えるための会議である。ここでアプローチの方法と担当が決定され、それにしたがって心理臨床的、教育的活動が行なわれる。この学校では、校医に精神科医も任命されている。考えてみると、今の学校で精神科医が校医として入っているところはそんなに多くはない。学校での心理臨床活動には、心理の専門家とともに精神科の校医の参加は必須ではないだろうか。

生活指導担当の教師の主な仕事は、非行の生徒をどのように指導するかである。教育相談担当の教師と生活指導担当の教師の間で、担任と他の教師や生活指導や教育相談の教師との間で、意見の対立を見ることがある。カウンセラーの教師はとかく生徒に甘い、生徒を甘やかしすぎる、との批判がある。考えれば当たり前のことで、一人の人間を見るのに、社会には必ず弁護人、検察官、裁判官の三者の見方がある。世の中みんな弁護人になれば被害者は浮かばれない。みんな検察官では、加害者の立ち直る基盤がなくなる。裁判官がいなければ決着がつかない。一人で三者全部の役割をとると、よほどの大岡裁きでないかぎり、不満や動揺が起こる。三者は別々にそれぞれの機能を持っている。カウンセラーは弁護人の役割を担っていることが多い。学校全体のきまりや組織の維持を考える人は当然検察官の態度をとるだろう。良俗を守るために、問題生徒に厳しい。両者の言い分を聞く裁判官は当然これまた必要である。検察官に批判されたからといって、弁護人がクライエントにきつく当たったのでは弁護人の職責を果たせない。検察官が弁護人の訴えに負けて、良俗を守る役割を放棄してしまったのでは、組織は成り立たない。裁判官がいつも判断基準を変えていたのでは、誰も信用しなくなる。カウンセラーは問題児に厳しく当たる教師の役割を認めなければならない。認めたうえで弁護してやらねばならない。学校の良俗を守ろうとする教師は、自らの役割を認識し、弁護人の立場を認めたうえで、自己の厳しさを堂々と主張しなければならない。裁判官の役割をとる教師は基準をゆるがせにしてはいけない。そして、有能な検事は明日からでも有能な弁護士になれるし、逆もまたそうである。役割と人間関係を混合・混乱しない人格が要求されるのである。「母性社会」の日本では難しいことかもしれないが。

進路指導は子どもたちの将来を考えるうえで大切である。心理臨床活動としては、まず、正確で役に立つ心理査定があることを先に述べた。心理査定そのものに問題があることもないとは言えないが、評価は子どもの全体把握とフィードバックの仕方によってその価値が決まる。進路指導で大切なことは、事前指導とアフターケアである。進学指導にしても、偏差値による合格・不合格の基準は実に細かく調査されているにもかかわらず、進学する学校の内容に関しては情報がほとんど欠落しているようにさえ思われる。入ってからのアフターケアに至ってはないに等しい。進学させてしまえば、できさえすれば、それでお終いになっている。二〇年近く同じ大学の教師をしている筆者は、今までそのような内容に関して高等学校から問い合わせを受けたことがない。最近、一日体験入学などを行なっている学校や大学が見られるようになってきたが、今後どんどんすすめるべきではないだろうか。

就職に関する指導は、就職に難しい問題を多く抱える養護学校がいちばん進んでいるようである。ある養護学校では、高等部三年生になると、まず生徒が就職が可能であると思われる会社に実習に行く。進路担当教師が子どもと一緒に仕事について、子どもと仕事の橋渡しをしていく。他の従業員との人間関係を作れるような配慮を行なう。ふつうでは何でもないようなところに、隘路があるのだが、一緒に作業をする過程でそれを克服していく。実習が終わると、それぞれの子どもの課題に学校で取り組むためのカリキュラムが作られる。無事就職できても、定着するまで何度も会社訪問をして、子どものようすを見ながら仕事や人間関係の調整を計る。会社側ともよく協議し、すこしでも問題が起こるとすぐに現場にとんでいき、問題の解決を会社側の責任者とともに計っている。進路指導の教師が会社や家庭にいく回数が、ときには十数回を超えることさえめずらしくない。そして、これらの活動が、会社の人や子どもとの密接な人間関係の形成を担っている。進路指導の教師は、就職情報や仕事の内容をよく知っているのは当然であるが、生徒の人間関係形成を援助してやれる、心理臨床家的な活動を行なえることも大切である。

学校での心理的な問題を予防するために、学校の精神衛生はどのような役割をもつのだろうか。家庭で両親の精神衛生や仲のよさが子どもに与える影響が大きいのと同じように、学校では教師の精神衛生や結束力が学校全体の精神衛生に大きい影響をおよぼしている。子どもの問題が少ない家庭には雑談があると述べた。夫婦の間にも、家族の間にも、雑談がある、なごやかな家庭の雑談のようすを見ていると、だいたい父親は聞き役で、母親がプロモーターで、子どもが主役である。父親や母親ばかりしゃべっているようでは、雑談が続かない。子どもたちは辟易してきて、自分の部屋に入ってしまう。心なごやかな雑談ができている学校やグループでは、問題が出てきたときも、すぐ結束して事にあたれるようである。

では、どのようにすれば、学校をこのような雰囲気にできるのだろうか。ある学校では、毎年一回休暇の間に、外部から専門のファシリテーターを招いて、二泊三日のエンカウンターグループを行なっていた。なかなかの効果があったが、管理職の参加を促したところ反対され、それからうまくいかなくなったそうである。ロジャースは、組織の変革を行なうためには、管理職の心が開かれている必要があることを力説し、プレジデントエンカウンターグループを提唱し、実行した。しかし、なかなか一朝一夕にはいかないものである。ある学校では、管理職にある者は教師に対し、教師は生徒に対し、話すよりも聞くことに重点をおくようにしている。管理職のこのような態度が定着すると、たしかに組織は活気づくが、なかなか難しいことである。

IV 心理臨床の専門化——職人的技能から専門的技能へ——

心理臨床活動はどこかで個に働くものであるから、個人の資質、能力、エネルギーにその活動を負うところがある。しかし、それは個人に負担をかけすぎ、個人をつぶしかねない二律背反となる。弘田洋二は「教育とカウンリング」で、分裂病の生徒を単なる不登校だと思って悪戦苦闘し、報われなかった教師の熱心さについて述べている。この事例を読むと、この先生にスーパーバイザーがなかったことが致命的だったような気がする。学校での心理臨床活動は、どうしても組織的な運営を考えなければならない。専門家の力を借りなければならない。しかし、専門家に頼りすぎると教師と問題生徒との関わりが薄くなってしまう。第一節で示した数字のごとく、不登校で専門機関に相談に行けている児童・生徒の数は半数に満たない。スクールカウンセラー制度の導入で改善されてはきているが、それでも教師の学校での関わりが大切なことに変わりはない。教師の持つ一人ひとりの力と学校の組織を生かした有効なアプローチが現在あちこちで模索されている。スクールカウンセラー制度の導入によって、教師と臨床心理士双方の専門性を生かした教育相談ができればと思っている。

スクールカウンセラー制度の導入以前の学校カウンリングは、カウンリング技術を学校現場に持ち込むだけのものか、あるいは、教育センターなど学校と離れた専門機関へ子どもを連れていくといったやり方が主であった。しかし、これらはいずれも、カウンセラーを学校現場に作るか、学校外で専門家を利用するかである。これは教師一人ひとりの資質や学校が持つ機能を生かしたやり方とは言えない。臨床心理士のスクールカウンセラーも個人的な活動だけで終わっている人もあり、それではカウンセラーと言えてもスクールカウンセラーとは言えない気がしている。そのうえ、専門機関へ回された子どもたちの中には、それまでにあちこちとさわりまくられ、ある種の人間不信、学校不信、教師不信の状態でやって来たり、問題を重くしていることも多い。むろん、カウンリングは専門的な知識や技術が必要なものであるが、専門的な技術を持った人が子どもの問題を直接的に解決するのではなく、学校システムをカウンリング的に活性化させ、水際で子どもたちの精神的問題を解決しようとするのがスクールカウンセリングの本道のような気がしている。そうすれば子どもの問題が解決するだけでなく、学校や教師そのものが子どもによって成長するという相互作用が働くことになる。

このような考え方をおし進めて、臨床心理士をスクールカウンセラーとして派遣するだけでなく、教師を臨床心理士として養成するシステムを考えてもよいのではないだろうか。アメリカの養護学校を見学に行ったときのことである。その養護学校には、言語療法士、作業療法士、臨床心理士、理学療法士などの専門家がすべて常勤でそろっていた。そんなに規模の大きくない学校で、どうしてこれほどの専門家を抱えることができるのかが不思議で尋ねてみた。答えは簡単であった。専門家はすべて教師と併任だそうである。正確に言えば、みんなもともとは教師だったのである。アメリカには約七年に一度、給料はないが身分は保証されるかたちで、半年から一年の休暇が希望者に与えられる、サバティカル・イヤーの制度がある。この制度を利用したり、週に数日休暇をもらって（当然その間の賃金はカットされ、それによって非常勤スタッフが雇われる）大学院に通い、数年がかりで単位と資格を修得したのである。専門資格を修得すると給与ベースが上がり、何年か後には賃金カットされた分を上回るそうである。さらに、専門家として働いたときはそれに対する手当てが加算されるため、教師にとってもメリットは大きい。学校での専門家は授業を行なう教師ほど常時必要ではない。ふだんは教師であり、必要なときに専門家となる一人二役は、学校や子どもを知悉している専門家が児童・生徒と接することになり、その効果は不定期に外からやってくる専門家よりも上がるうえ、子どももなじみやすい。

現在日本でもこのような現職教員のレベルアップが行なわれはじめた。大学院が夜間部や黄昏開校されようとし、大学院設置基準第14条を適用して、現職教員に大学院での学習を容易にしようとしている。二年間の研修のための休職を認め、その後レベルアップした専門家でもある教師として復職する制度もできてきている。

「専門家を学校に」ではなくて、「教師を専門家に」であってもいいような気がする。臨床心理士は、大学院修士課程修了を基礎資格にしていることを勘案すると、この問題を早急に考える必要があろう。それにともなってスーパーバイザー養成問題も前進するだろう。

しかし、わが国の現状を見るときに、現職教員のための大学院が増える傾向にあるとはいえ、アメリカ並みになるにはまだまだ時間がかかる。担任を専門家がサポートする方法も、学校における担任の教育相談には有効である。担任の教育相談をサポートするいちばんの有効な手段は、スーパービジョンである。新人の臨床心理士にも実践の実を上げるためにはスーパービジョンは欠かせない。かなりベテランになっても、自分が迷ったときは上級スーパーバイザーのところにスーパービジョンを受けに行くことが大切だと言われている。学校現場と教育相談に精通したスーパーバイザーが担任をサポートすることによって、教育相談が質的に飛躍向上した例は多い。

このようなことを具体的に県単位で実施しているところも最近増えてきている。

V 現代人の多忙さ

教師が子どもの心のケアを十分に行なえなくなってきた背景に、教師の忙しさがある。親が忙しくなったために子どものケアが行き届かなくなってきた現象と軌を一にする。教師にこれ以上の負担をかけることなく、心のケアは専門家に委ね、教師は教師の日常業務に専念しようとの考えもある。むろん、担任や教科担任として、子どもの心と触れ合うのは当たり前であるが。国立大学には保健管理センターがおかれ、そこには専任のカウンセラーが常勤スタッフとして配属されている。スタッフは全員心の専門家である。また、最近私学の高等学校を中心に、まだまだ非常勤であることが多いが、専門の教育相談員をおく学校が増えてきた。文部科学省のスクールカウンセラー制度を先取りしたかたちが、大都市の学校を中心にすでに行なわれているのである。面接室が学校の中におかれている場合と学校の隣接地におかれている場合があるが、一長一短である。学校の中におかれている場合は、昼休みにお茶を飲む感じで、生徒が集団で相談室を訪れ、自然なかたちでの教育相談に発展する。しかし、相談室が特別視されると敷居が高くなり、訪れる生徒がいなくなる。隣接地の場合は、気軽さに欠けるが、それだけ相談のモチベーションが高く、深刻な場合が多い。効果は、学校長をはじめとする教員の理解度と臨床心理士の技量に比例している。

学校の求めに応じて、臨床心理士の中でも特に学校現場の問題や教育相談を専門とする臨床心理士を派遣する制度も最近増えてきた。これは主にケーススーパービジョンを中心とする方法であるが、問題が現実に起こっており、学校側に問題に対処する姿勢が明確にあるので、効果が高い。問題にアプローチしている教師集団や学校組織の改善を目指す、いわゆる心理的コンサルテーションである。有能なコンサルタントが介在することにより、企業が立ち直る場合が多いことにならって、学校における問題のコンサルタントに臨床心理士がなるのである。下手なコンサルタントが企業を悪くするように、下手な学校コンサルタントも学校を混乱させる。臨床心理士は人間性が大切である。オープンな人格と専門家としての技量が、この場合一段と問われることになる。

最近の学校現場は、子どもの心が病んでいるだけでなく、教師や管理職の心も病んでいる。教師のメンタルヘルスがますます大切になってきている。県単位で教職員のためのカウンセリングルームを開設しているところもしだいに増えている。カウンセリングルームを訪れる教師の心の状態はかなり悪化が進んでいることが多い。もうすこし早く、簡単に相談できる場所があるほうがよいと思われる場合もある。学校における教育相談は、児童・生徒の問題だけでなく、教師に対しての教育相談も重要である。子どもとの問題がこじれていればいるほど、教師に対する教育相談が必要になる。これについては、第６章で論じる。

子どもの日常生活は親との関係が密接である。学校における教育相談は、親の教育相談も当然含まれる。子どもの問題がこじれているとき、いじめのように子ども同士の関係が複雑にもつれているとき、教師と生徒の関係の問題であるときなど、親の介入がよけいに問題を複雑にすることがある。このようなとき、教師・学校・親・生徒と対等にしかも一定の距離を保つことができるスクールカウンセラーの役割がことさら重要になる。これについては第5章で詳述する。

以上学校における教育相談の現状と課題を述べてきた。学校教育相談に対する臨床心理士の重要性と必要性は今後ますます増大する。スクールカウンセラーという専門分野が将来確立されるためにも、臨床心理士が独自の教育論と学校論を持つ必要がある。

●引用・参考文献

大阪市教育委員会編『「登校拒否」問題を考える』一九八九

ロージァズ、C・R（畠瀬稔編訳）『カウンセリングと教育』ロージァズ全集5、岩崎学術出版社、一九六七

東山紘久「学校カウンセリングの諸問題」氏原寛他編『臨床教育心理学』創元社、一九八三

東山紘久「学校現場における心理臨床活動」『教育と心理臨床』臨床心理学体系14巻、金子書房、一九九〇

弘田洋二「教育とカウンセリング」丹下庄一編『カウンセリングと家庭教育』創元社、一九八六

第3章　スクールカウンセリングの特徴

——スクールカウンセラーと御用聞き——

I　セールスマンの特質とスクールカウンセラー

ずいぶん昔のことであるが、セールスマンの資質を研究していた臨床心理学専攻の友人が、セールスマンとカウンセラーの資質の類似性について話してくれたことがある。セールスマンというと、客に商品の特徴を要領よく説明し、客をうまく説得して商品を買ってもらう、能弁な人というイメージがある。ところが実際の有能なセールスマンは、客の前では寡黙で、誠実で、知識があり、ユーモアのセンスのある人であった。われわれカウンセラーもクライエントに対しては寡黙で、誠実で、博学で、ユーモアのセンスを必要としていて、基本的な性格や態度は有能なセールスマンと類似しているように思われる。

また、「商いとは飽きないこと」という格言が、大阪の商いの中心地である船場で広く伝えられている。また、「商品を売るより人柄を売れ」という格言も、営業の場ではよく言われる。むろん、売る商品が粗悪であってはならないのだが。

悪質な詐欺商法は、一回限りの一見客を相手にしている場合が多く、巧言を使って粗悪な商品を売りつける。商い（飽きない）は、そんな詐欺商法とは対極の商法である。われわれ心理臨床の開業・実践の場で、もし「どのような難しい症状でも一回（数回）で治します」というような広告があれば、そんなのはまやかしであることがすぐにわかる。カウンセリングは、クライエントにとってその必要性がなくなるまで長くつきあう仕事である。クライエントの言うことを聞き飽きるようでは、カウンセラーは務まらない。中学三年生の不登校のクライエントが登校できるようになったときに、カウンセラーに聞いたことがある。「先生とお会いして、どうして僕は学校に行けるようになったかわかりますか」と。カウンセラーが「わからない」と言うと、「先生は僕の同じ話を一年半も聞いてくれた。他人は同じことを二～三回繰り返すと、もう聞いてくれなくなる。両親だって五回も同じことを言うと、いつまで同じことを言っているのか、と聞いてくれなくなる」と。たしかに、彼は一年半ほとんど同じ話を繰り返した。しかし、それは微妙な違い（言葉遣いや感情の色合い）を持っていた。カウンセラーはその違いを聞くのが楽しみだった。興味深かったし飽きなかった。カウンセラーはクライエントの言うことを飽きずに聞ける人である。ここでも有能なセールスマンとカウンセラーは類似した面を持っている。

カウンセラーとセールスマンとはもちろん違いは多い。セールスマンがあくまで常識と日常の世界で活動しているのに対して、カウンセラーは常識は必要であるが非日常の世界に対する理解を必要とする。カウンセラーの目的は神経症状の除去、クライエントの心の安定、人格の成長を促進することであるのに対して、セールスマンの目的は商品を売りその商品が購入者の役に立ち、購入者の仕事をより発展させることである。カウンセラーには売るような商品はない。また、セールスマンは客のところへ出かけていくことが多いが、カウンセラーは通常は面接室にいて、クライエントが来てくれるのを待つ。セールスマンは自分の商品を買ってくれそうな客にこちらから売り込みに行くが、カウンセラーは神経症を病んでいる人を見かけてもこちらからカウンセリングを受けるようにと働きかけない。カウンセリングを受けるかどうかは、クライエントの自発性にまかされているのがふつうである。このようにカウンセラーとセールスマンは目的も対象も異なるので、筆者もカウンセラーとセールスマンの資質の類似性を語ってくれた友人の研究に興味があったが、長い間その存在を忘れていた。それを思いだささせてくれたのが、昨今のスクールカウンセリングの爆発的とも言えるような発展である。

II　教育界とスクールカウンセラー

教育界は保守的だと言われている。なかなか部外者を受け入れない社会である、とも言われている。教師は自分たちは児童・生徒に対する教育や生活指導の専門家であることを自負している。教育は、教科教育だけでなく、人格の陶冶を目的としているので、カウンセリングの目的との共通点は多い。教育における教科教育は、カウンセリングとはすこし異なるかもしれないが、カウンセリングは生きるための知識や知恵をクライエントが獲得するのを援助するといった教育的な要素を多く含んでいる。ロジャースの学習者中心授業のように、カウンセリングの理念を授業場面に直接応用しようとした試みさえある。だから、不登校にしても、非行にしても、保護者の指導にしても、教師はそれらの仕事を自分の領域だと考えていた。教師もカウンセラーとは別の意味で、これらのことに対しては専門家であると自負しているところがあった。地域社会が変化し、家族や家族関係も変わり、人間関係がどんどん希薄になっている現在、子どもや家族の問題は、心の問題を扱う専門的訓練を受けていない従来の教師では扱いきれなくなっている。マスコミの影響や情報開示もあって、また戦後の平等意識の高揚もあり、教師は「センセイ」イメージで見られるよりも、個人の資質や指導力で判断されるようになった。教師であるというだけでは、子どもからも保護者からも尊敬を得られなくなっている。このような社会環境の変化とそれによる心の問題の多発と深刻化が、学校に専門家である臨床心理士を派遣しようとすることになった理由の一つである。

臨床心理士は心の専門家ではあるが、学校という場面でその専門性を発揮するためには、学校という環境を考えなければならない。心理学関係の学会の一部の動きとして、スクールカウンセラーにも教員免許が必要だという考え方や学校を知っている教師カウンセラーのほうがスクールカウンセラーとして適任だという考え方があるが、もしそうなら今までの何度かあった学校でのカウンセリングブームのときに、カウンセリングが学校に定着していたはずである。大学院卒業を基礎資格として種々の試験を課している資格である臨床心理士にしても、スクールカウンセラーは、臨床心理士としての経験を積まないと難しい領域である。スクールカウンセラーの仕事は、より簡単なカリキュラムで本当に役に立つスクールカウンセリングができるようなものではないと筆者は考えている。

Ⅲ　スクールカウンセラーは熟練のいる仕事

スクールカウンセリングは、何でもありの場であり、心の問題に関しては何でもしなくてはならない学校という場で行なわなければならない。それだけカウンセラーに熟練と柔軟性が要求される。今までのスクールカウンセリングの結果を検討すると、学校を知っていることよりも、むしろ個人の心理療法の技量が高い臨床心理士や携わってきた領域での技量が高い臨床心理士ほど、スクールカウンセラーとしての技量も高く、学校での評判もよいようである。これは当たり前である。技量の高い臨床心理士ほど、新しい場面での臨床心理士としての技量が汎化できるからである。

スクールカウンセリングのニーズが増大しているため、新人のカウンセラーや技量の十分でない臨床心理士が派遣されることが最近起こっている。スクールカウンセリング制度ができた初期の頃は、それまで心理臨床の場に長年携わっていた臨床心理士が派遣されており、現場からの批判はほとんどなかった。最近になって、特に多くの臨床心理士が派遣されている大都市を中心にして、臨床心理士の技量の比較ができる地域の学校で、スクールカウンセラーに対する不満が教育委員会や地域の臨床心理士会のスクールカウンセラー担当理事に寄せられるようになった。臨床心理士の中には免許取り立てなのに専門家顔をして、教師に足元を見られているスクールカウンセラーさえいる。医師免許取り立ての医師がベテランの医療スタッフに、技量もないのに偉そうにしているようなものである。現実には、それだけでそのスクールカウンセラーの人格の未熟さを判断される。

この章では、スクールカウンセラーの初心者の疑問にすこしでも応えることを目的として、スクールカウンセラーの役割とアプローチを述べる。

Ⅳ　スクールカウンセラーの居場所

スクールカウンセラーはもともと学校には居場所がなかった。学校や教育委員会によっては、心理教育相談室モデルのカウンセリングルームが用意されている。箱庭療法の用具やコラージュをはじめいろいろな遊具や書籍、教材などが用意されているところもある。個人面接室とグループ活動ができる相談室との二つのスペースがある学校もある。はじめは何もなかった学校も、最近ではしだいに他のスクールカウンセリング先進地域の学校の相談室をモデルにして、立派なカウンセリングルームを作るところも増えてきた。

学校で専用の部屋を持っているのは、校長、養護教諭、校務員だけである。すこし学校現場に慣れた人ならわかるが、この三種の職員が自分の部屋にのみいることはまずないと言ってよい。一日中校長が校長室にいるような日は、年間を通じて数えるほどもない。校長は教育委員会をはじめ会議で外に出ていることも多い。学校にいるときでも誰かが訪ねてきており、それがないときは職員室にいたり、校庭や廊下で生徒と接したりしている。校務員と一緒に校庭や花壇の手入れをしたりもしている。養護教諭は、最近は保健室を訪れる子どもたちが異常に増えたため、保健室にいなければならないことが多くなったが、それまではトイレや水場の見回りや消毒液の取り替えなど、衛生状態と子どもたちのようすを見るために学校中を回っていた。校務員が校務員室にべったりいたのでは仕事にならない。

これらの職種の人は、自室にいたのでは仕事にならないという消極的な理由だけで自室にいないのではない。学校という社会では、その構成員と日頃の接触や人間関係がなければ、自らもその一員にはなれないからである。非行予備軍や不登校になりそうな子ども、いじめられている子どものことをいちばん最初に気づくのは、しばしば養護教諭、校務員や給食調理員であることが知られている。これは、これらの職種の人々が子どもの日常にいかに接しているかの証明である。これら自室を持っている教職員のストレスは高い。ある大都市で校務員の自殺が続いて問題になったことがある。校務員や養護教諭の複数勤務制を採用しているところもしだいに多くなった。複数勤務制と言っても大半は二人勤務であるため、二人の相性が合わないともっと悲惨な結果になることもあり、集団職場での少数職場のスタッフはなかなか大変である。これは学校では給食調理員にも言えることである。

自室を持っていると、ある意味では一人の居場所を確保できていることになるのだが、学校という場では構成員との関わりを持たないと逆にストレスになる。また、自室を持っている教職員は授業を持たないので、公の場で子どもと接することが少ない。子どもや他の職員のいる場に出かけなければ子どもや職員と接触できない。そのため、自らが出かけて行って子どもたちや他の職員たちとの接触を持ちにくい性格の人の精神衛生が悪くなるのである。

教頭と一般教員は、職員室という集団の場が居場所である。集団だとまわりの人との接触は避けられない。それはある意味ではストレスであるが、ある意味では学校での居場所が確保されていることにもなっている。集団の場で他の職員との接触を絶てば目立つし、いち早く管理職や他の職員のケアが入る。集団の場での一人職場はそれだけで大変なストレスなのである。その傍証となるかもしれないが、校長のストレスの高さは、中間管理職である教頭を除くと学校でいちばんかもしれない。筆者はある都市の教職員のカウンセラーであるが、校長、校務員、養護教諭、給食調理員の方々の相談比率が高い。

相談室を与えられているスクールカウンセラーは、集団の場での一人職場である。それは、開業臨床心理士の一人職場とはまったく意味が異なる。スクールカウンセラーが相談室にこもって来談者を待つだけでは職場から浮いてしまい、担任や管理職、その他の職員との連携が必要なときにその能力が発揮できなくなる。日頃の備えや人間関係がないと、いざというときにはその機能さえ発揮できなくなる。

逆に、決まった面接室がない状況のスクールカウンセラーにとっては、日頃の臨床心理士としての活動と比べれば、心理療法やカウンセリングがやりにくいだろう。しかし、職員室の片隅に自分の席があると、それだけで教員や管理職と接触できる利点がある。また、視点を変えると、職員室でのカウンセリングは、教員に対してカウンセリングを「教育」するという点で大変ありがたい状況だとも言える。子どもがそれをいやがれば話は別だが。不思議なことだが、子どもの中には職員室の片隅でのカウンセリングを好む生徒もいる。カウンセラーと教師のアプローチが異なるからである。そのうえ、子どもたちが本当に気持ちを理解してほしいのは、スクールカウンセラーよりはむしろ担任や教師なのである。むろん、職員室をいやがる子どもであれば、校庭でも体育館の裏でもピロティでも、それこそ校務員室を借りてでもカウンセリングはできる。

筆者は、母子分離できない子どものプレイセラピーで、母子を一緒にプレイルームに入れて、プレイセラピストがどのように子どもに接するかをじかに見せることによって、母親の子どもに対するアプローチを改善できたことがしばしばあった。不適切な接し方がある親や子育ての仕方を自然に教育されていないと思われる親の場合、子どもがいやがらないかぎり親子を一緒にプレイルームに入れて、親子ともどもプレイセラピーをしたこともある。これによって、親だけでは長い時間かかる教育も、実際に見せることで短時間に所期の目的が達成されたこともしばしばであった。「百聞は一見にしかず」なのである。

カウンセリングにやって来てはカウンセラーの前で喧嘩ばかりして帰っていく夫婦というのも、しばしば存在する。カウンセラーがいないと夫婦喧嘩ができないからである。二人の言い分を公平に聞いてくれるカウンセラーがいてこそ喧嘩ができるのである。生徒の中には、カウンセラーにではなく、職員室にいる教師に言っているのではないかとさえ思われる生徒もいる。

このことは、スクールカウンセリングでも同じことが言える。くわしくは第8章を参考にしていただきたいが、校長をしていたときに、保護者のカウンセリングは、教頭、学年主任、生徒指導係、担任など関係者の同席の場で行なった。学校では、子どもが問題を起こした場合、関係者が同席するのが一般的であるからである。筆者は臨床心理士なので、カウンセリングの方法と技量は専門家として行なっているのだが、それを見せ、あとからケースカンファレンスをすることで、カンファレンスとスーパービジョンとカウンセリング訓練を同時に教員に行なうことができた。これによって教員の聞く技術が飛躍的に向上したのである。

非常勤カウンセラーが会える子どもや教員や保護者の数はたかが知れている。教職員がカウンセリングに対する理解を持ち、自らもカウンセリングマインドで子どもたちや保護者に接することができるようになれば、スクールカウンセラーの力はその何倍にも増幅される。与えられた場所をいかに有効に利用できるかは、カウンセラーの技量である。

居場所は自ら作るものである。

V スクールカウンセラーは御用聞き

「御用聞き」という言葉は、今ではほとんど使われていない。ここで言う「御用聞き」とは、銭形平次や半七のそれではなくて、サザエさんに出てくる三河屋さんのそれである。何日かごとに地域のお得意さんを回って、品物の注文を取りにくる人である。今その機能は生協の係の人やコンピューターに取って代わられた。御用聞きはサザエさんを見てもわかるが、地域のお店と家庭を結ぶ重要な役割を担っていた。富山の薬売りも御用聞きの拡大版で、薬売りがもたらした新しい情報や文化は、ある意味で薬そのものよりもときには大きな影響を持っていたようである。生協の場合は、係の奥様方が地域の交流の役割を持っている。スクールカウンセラーは、週に一度か二度やってくる御用聞きの役割を持っているように思われる。御用聞きは買い手の注文のないときは、すこし雑談をして帰っていく。買い手にとって御用聞きは、必要なときに必要な品物を供給してくれる便利な人である。高齢化によって外出がままならないお年寄りが増えてきた現代に御用聞きの復活が見られるのは、スーパーマーケットでは代替できない機能を持っているからであろう。それは、話を聞いてくれる機能である。豊田商事をはじめとする詐欺商法に引っかかるのは、お年寄りが多い。その一因に老人の孤独があると言われている。詐欺商法のセールスマンのマニュアルでは、カウンセラー顔負けの聞く技術が使われている。御用を聞く中には、話を聞くことが大切な要素になっているようである。

スクールカウンセラーの商品は、「聞く」ことそのものである。ある意味では究極の御用聞きではないかと思われる。カウンセラーは聞くことの意味をいちばんよく知っている人である。われわれは、その人がクライエントだと思うと話をよく聞くが、自分のコンセプトではクライエントの範疇に入っていない人の話は、案外聞かないこともある。クライエントだと思っている生徒の話はよく聞くのに、担任の話はその半分しか聞かなかったり、管理職の話になると、そのまま半分しか聞かなかったりする。

相談室に来てくれる人はクライエントの顔を持っているが、学校の中で出会う人の大部分はクライエントの顔を持っていない。しかし、学校では、スクールカウンセラーに話を聞いてほしい、話をしたいクライエントはどれだけいるかわからないほど存在する。自分の学級の生徒の話をする担任は、クライエントの顔をしていない。生活指導主任も管理職もクライエントの顔を持っていない。もちろんここで言いたいことは、スクールカウンセラーは学校中の人は誰でもクライエントだと思うべきだ、という話ではない。クライエントの顔を持っていない人の多くは、クライエントではない。逆に、スクールカウンセラーからすると生徒より担任のほうに問題があり、担任のほうがクライエントだと感じるようだ、というようにクライエントの顔をした人を探せというような主張でもない。クライエントと自覚していない人を、スクールカウンセラーがクライエント扱いすると、問題はかえってこじれてしまう。これでは大変下手なスクールカウンセラーになってしまう。

心理教育相談室やクリニックの心理相談室や開業の臨床心理士のところへやって来る人は、先ほども言ったようにクライエントの顔と気持ちを持ってやって来る。それに対して学校では、保健室登校をしている子どもや面接室に相談にやって来る子どもを除いてはクライエントとして学校にいるわけではない。学校の面接室にやって来る子どもたちも、それ以外の時間はクライエントではないのである。このような学校の状況下で、一人職場におかれているスクールカウンセラーが、学校の構成員から浮き上がらないで仕事をしようとするならば、御用聞きの役割を取ることが有効なのである。「御用をお聞きすることはありませんか？」と言うことで、教職員や子どもと接するのである。

スクールカウンセラーの中でも、学校に行くとスクールカウンセラー担当の教員や職員がいて、その日の面接やスケジュールを説明してくれ、それにしたがって仕事をするようになっているスクールカウンセラーもある。このようなスクールカウンセラーは、あえて御用聞きをするような必要はないかもしれない。しかし、これはこれで仕方がないのかもしれないが、このような一見恵まれているように見えるスクールカウンセラーは、恵まれているようで実はそうでもないと筆者は思っている。このようなスクールカウンセラーが恵まれていると思うスクールカウンセラーは、カウンセラーではあるが本当の意味でのスクールカウンセラーではない、と筆者は思う。これでは校医と同じである。校医が行なっている検診がスクールカウンセラーの場合、心理面接やカウンセリングになっているだけである。ほとんどの場合、校医が学校の問題にアプローチすることはない。検診をすると身体の病気は予防・発見できるが、心理的な問題までわからない。一般校の校医は内科・眼科・歯科・耳鼻科がほとんどで、精神科医が校医として制度的に訪問するのは養護学校くらいである。身体の病気の検診では、もし異常が見つかれば、精密検査や治療は病院や医療機関に任される。スクールカウンセラーが問題を発見し、そのすべてを他の心理相談機関や児童相談所や精神科に任すのが役割なら、これでもいいかもしれないが、スクールカウンセラーは、インテーカーの役割だけではなく、問題を解決する方向に教員や保護者と共に歩むことが求められている。

いや、スクールカウンセラーは校医と異なってカウンセリングや心理療法を行なっているとの主張があるかもしれない。それはそのとおりだが、それでは学校内に仮の相談室を設けているにすぎないと思われ、学校でカウンセリングや心理療法を行なう意味が薄れてしまう。だから、これではカウンセラーであってスクールカウンセラーではない、と言いたくなるのは思いすぎだろうか。

あなたが、居場所もないし何をするかもハッキリしないし、ときには何のために学校へ来ているのかが疑問になるようなスクールカウンセラーなら、校医の役割に類似したような相談室やクリニックのカウンセラーではない、本当の意味でのスクールカウンセラーになれる可能性がある。あなたは、スクールカウンセラーの役割は「御用聞き」「本当の意味での御用聞き」だと認識して、それから仕事を始められたらよい。

御用聞きは日常性と常識が大切である。児童・生徒を見かけたらこちらから挨拶をしよう。その日はじめて会った教職員に挨拶するのは当然のことである。挨拶は人間関係を構築する最初の儀式であるからである。面接室（自室）へ行く前に、その日の営業活動をしておこう。職員室へ行って、お得意さんの御用を聞くのである。管理職や生活指導主任、学年主任や教科主任、担任などは、子どもたちの情報が集まるところなので、第一のお得意さんである。教頭は職員室にいつもいちばんいる管理職である。職員室に入ったら教頭のところへ行って、「おはようございます。何かお聞きしておくことはありませんか？」と御用をお聞きするのである。「お聞きしておくこと」の意味は多様である。明確な質問だが、どのように答えてもよい質問である。このような問いかけは、カウンセラーの質問の特質である。「別にないのですが、だんだん秋らしくなってきましたね」と、言われたら、「そうですね」とすこし間を入れて待つ。ほんの数秒の間で、教頭に本当に御用がないなら、「いつもご苦労さまです」と管理職の常套挨拶が返ってくる。それとは違って、「この頃になると、教員も生徒も体育大会の準備など浮足だっていますよ」と。「浮足だっている」というような言葉が否定的なニュアンスで語られたら、すこし「御用」がありそうである。「そうですか」と、カウンセラーはまた間を入れる。「まあ、毎年のことですが」と教頭が締めくくったら、今日の御用はそこまでである。御用があれば「今年は体育の教員が新任でね」とさらに話が続く。これは御用が続いているのである。教頭の御用がすんだら、校長のところへも、そのほかのお得意さまのところへも同じ要領で御用聞きしていけばいい。このようにしていると、必ずと言っていいほど御用のある人がいる。その先生の話を聞くことは、その先生のカタルシスやカウンセリングになるだけでなく、カウンセラーにもその先生を取り巻く今の学校の雰囲気や情報がもたらされる。そのうえ、カウンセラーは、先生みんなの御用を聞いて回っていて、ある特定の先生の話だけを聞いているのではないので、ほかの先生の特異な目にさらされることがない。カウンセラーは、学校や職員室の雰囲気に溶け込んだかたちで先生たちの話が聞ける。出会った教員のうち何かを感じた人がいれば、「あとで面接室へ行ってもいいですか」と、スクールカウンセラーの専門家としての仕事のリクエストが入るのである。

一通りその日の御用聞きがすんでから、面接室へ行こう。営業をすませて店に帰るように。

子どもに対する御用聞きは、すこし工夫がいる。プレイセラピストの感覚や遊び心が必要になる。子どもはカウンセラーとはどんな人かと疑っている。子どもはだいたい保守的な体質がある。安全だと思ったことしかしない。子どもはいったん信じてくれるととことん信じてくれるが、それまではおおむね警戒的である。そうでないと安全が保てないからである。危険だとわかっているのに危険なことをする子どもは、それだけで問題である。守りが薄い証拠である。思春期になるとかなりようすが変わってくる。新しい試みや冒険をしないと自立できないからである。それでも、あまりにも無謀な冒険はやはり彼らの守りが薄い証拠である。学校では大人の大部分は教員であるため、スクールカウンセラーも教師の一員と見られる。「先生」と呼ばれていればなおさらだ。「さん」付けで呼んでもらうようにしているスクールカウンセラーは、子どもとの心理的対等感を保証したいのと、先生の一員だと思われていると子どもが本心を語るのを妨げる、と考えているからであろう。

子どもへの御用聞きは、挨拶をしたあと、自然な感じで、子どものようすをニコニコしながら見ているだけでよい。御用のある子どもは、向こうから語りかけてくる。ここでの具体的な態度については、拙著『遊戯療法の世界』(創元社)を参照していただきたい。そのほかに、不特定多数の子どもたちからスクールカウンセラーは「何をする人か」とか「何者か」と聞かれるような場合、カウンセラーの仕事の一端を遊び心から紹介したい場合は、占いを取り入れる。筆者は、占いの手法として「木霊占い」と「蛇占い」を使っている。木霊占いとは、バウムテストである。「実のなる木」を一本描いてもらって、占うのである。なかなかよく当たると評判をとっている。「蛇占い」とは、筆者が開発した「蛇象徴技法」で、家・木・人・蛇・水をA4の画用紙に描いてもらう。「蛇占い」は希望があって教師にも実施したが、その場にいなかった教師にまであとから占ってくれと言われた人気のある占いである。これまたよく当たると評判である。そのほか、硬貨を使った占いもする。ユングもよく占いをしたそうであるし、心理臨床で有名な筆者の師匠も自分にとって大事なときには「卦《け》」を立てられる。心理臨床家は、どこかで「気」を感じる必要がある。「気」のない、「気」の抜けた心具合ではクライエントと対峙できない。

VI　学校になじむ

筆者は学生の頃から数多くの学校を訪問し、教室に入れてもらい、子どもたちや先生方と接してきた。当時はスクールカウンセラーなどはなかったが、今から思うとロジャースのカウンセリングを地で行くような研究をしていたので、まさにその態度はカウンセラーでありプレイセラピストであったように思う。「生徒中心授業」のすばらしい実践をされていた先生のクラスからは問題児が現れなかった。それまで問題児と見られていた子どもたちは、個性を発揮したおもしろい子どもに変わっていった。授業に参加させていただいていた筆者自身、その学級から帰ってきたときはイキイキしていた。エネルギーをもらえたのである。そのときの先生方の多くはカウンセラーではなく授業の専門家であった。しかし中にはその後専門のカウンセラーになられた方もあった。それらの先生方はカウンセラーとしても有能であった。もともとプロのカウンセラーとしての実力があったのであろう。授業はともかく、スクールカウンセラーは少なくともプロのカウンセラーとして、それらの先生方と同じ程度かそれ以上の実力が要求される。

スクールカウンセラーには前にも述べたように、臨床心理士としての実力が必要である。同時に学校で働いている人々の「心の磁場」を感じ、それをスクールカウンセリングに生かす工夫がいる。筆者自身は、授業研究で現場に入りこんだときに得た知識や体験と培った知恵が、スクールカウンセラーのときに生きているように思われる。筆者のスクールカウンセラー体験は、養護学校の校長をしたときである。養護学校の教員たちは「只の（無料の）カウンセラーとスーパーバイザーが来た」と喜んでくれた。本論で書いたことは、筆者が実際に実践したことばかりである。管理職とは「職員の自己管理能力を高める人」であることも、校長体験から学んだ。スクールカウンセラーは、管理職だけでなく教員や子どもの自己管理能力を高めることができ、学校の構成員の個性が生きるように応援できれば、それはまさにスクールカウンセラーの幸せであり、役割であるように思われる。これについては、第8章でくわしく述べる。

●初出

「スクールカウンセラーと御用聞き」京都大学大学院教育学研究科附属臨床教育実践研究センター紀要、第5号、49～57、二〇〇二

第4章　学校になじめない子どもたち

I

はじめに

人間関係がつらくて会社を辞める人は多いが、仕事がつらくて会社を辞める人は少ない。男子はいったん家を出れば七人の敵がいる、と言われている。むろん現在は男子ばかりではないが。とかく大人にとっても子どもにとっても人間関係は難しい。特に現代は昔に比べて人口が増えているのに反比例して、人間関係が薄くなっている。大衆の中の孤独、都会の中の孤独が、都会だけでなく地方にまで蔓延している。地域のつながりが少なくなり、核家族は複雑な人間関係や心のあやを学習する機会を少なくし、あえて困難な人間関係に挑戦するよりそこから逃避する道を選ばせる。核家族は、適当な緩衝地帯や逃避の場所を狭くし、家族内の親密さと重苦しさ、喜びと悲しみ、成功と失敗などの感情の振幅を増大させる。子どもの数の減少は親が子育てを練習する機会を与えず、兄弟間での学習や伝達、近所での自然発生的な子どもの遊びグループを崩壊させた。

経済大国日本の子どもたちと発展途上国の貧しい子どもたちの目の輝きの違いを、現代のわれわれは感じざるを得ない。日本の子どもたちはみんなどこか大人の目をしている。進学と学習に対する大人の不安が、子どもから遊びを奪っていく。子どもにとっては、遊ぶことが、成長を促し、問題解決を促進し、ストレスを減少させる。子どもにとって遊び尽くすことが、唯一の、そして最大の自然治癒力となるのに、いつも途中でそれを切られていては、子どもの傷ついた心はどこで癒せばよいのだろう。途方に暮れ、心を閉ざす子どもの増加は仕方がないのだろうか。ますます増える子育て不安の解消への道はないのだろうか。この章では、学校になじめない子どもを考えることから、子どもと子どもを育てる大人の問題に迫ってみたい。

II　基地を持たない子どもたち

乳児の時代は母との一体感に支えられて、「自分は生きている。生きていてもいいのだ」との体感を得る。この体感は母の抱擁、ぬくもり、微笑、子どもへの語りかけによってもたらされる。この体感につつまれ安心して育った子どもは、やがて母との一体感に別れを告げて、自分自身の意志で行動しようとする。

乳児期から幼児期への脱皮は、「ボク、スル」の一言によって開始される。母親はうれしいような、すこし寂しいような気持ちを味わわさせられる。幼児期には「母なるもの」への具体的回帰に支えられて、「自分がしている。できる。できない」の感覚と身辺自立の技術を得る。これらは母の直接的な見守りの中で行なわれる。やがて、子どもは母親の見守りに別れを告げて、母親が直接見えないところへ出かけて行く。

幼児期から児童期（前期）への脱皮は、「行ってきます」で始まる。母親はこのとき誇らしさを感じ、ちょっぴり涙を呑み込む。児童期（前期）の時代は、「母なるもの」のイメージに支えられて、最初の社会へ旅立って行く時代である。自分の意志で仲間に入り、気持ちを伝え、他人との関係を作る。ときには、母と自分との関係を仲間のそれに持ち込み、誤解されたり、わがままぎて排斥されたりする。子どもたちは、仲間、先生、大人、親から、集団社会へ入るための行動様式を、試行錯誤を繰り返しながら学ぶ。自分の欲求と自分を抑えることのバランス感覚を得る。この時期に子どもは自分とは何かを考えはじめ、性差を感じはじめる。

乳児期は母親の直接的ケアを必要とする。ここでは「母なるもの」が、子どもの身体の中に覚え込まれる。幼児期は母の直接的な見守りを必要とする。「母なるもの」のイメージと母そのものが交流している。まだ、母親イメージは不確定であるが、「自分の」母である必要性が乳児期よりも強く現れる。児童期（前期）は、「母なるもののイメージ」を持って、はじめて旅に出るときである。「母なるもの」は、子どもにとって心の基地である。基地を持たない子どもは、危険なときに帰れる場所がない。エネルギーの補給もできない。母艦から出撃した航空機は、もし母艦の安全性が確かでないなら、戦いなどできたものではない。基地の確かでない子どもは、どこにもなじめず、かつての原子力潜水艦「むつ」のように漂泊しつづけねばならない。「母なるもの」が希薄な子どもは、母艦のない艦載機のように、世間に出て七人の敵と闘えない。世間に安心して出ていけない。当然、世間となじめない。登園拒否や不登校の第一のピークがこの時期にあるのは、この理由による。「母なるものの」欠損は、すぐその時期に顕在化することもあるが、次の発達段階やもっと先の段階で現れることも多い。母なるものを欠損した子どもたちは、世界に対してなじめなさをどこかにいつも引きずっている。

Ⅲ　基地に安住する子どもたち

居心地のよい場所からそうでないところへ行くのはいやだし、勇気のいるものである。特に外が寒いとなかなかあったかい布団から離れられないように、母のふところの居心地がよすぎると、その場を離れる気持ちが起こらない。人間の親離れは動物のそれに比べて複雑である。「キタキツネ物語」のすさまじいような子別れは、親の発情期と関係する。人間の子別れの衝動は、子どもの外界に対する好奇心の増大と社会規範からくる意識的・無意識的圧力である。すなわち、「子どもの体力・活動量の増大とそれを規制しようとする親への反抗」や「もうこんな歳なのに、まだあんなことをして」との社会からの圧力を親も子も受けることによる。しかし、子どもの外界への好奇心がそんなに強くないか、目覚める機会が少ないか、また親が社会の圧力をあまり感じなかったり、親のほうが自分の不安のため子離れができにくかったり、家の文化と地域社会のそれに乖離があったりすると、自然に家のほうの居心地が外の社会よりも数段とよくなる。あるいは、外界の居心地が家よりも悪いのである。これではある種の厳しさを持った学校にはなじめない。

親自身の不安のために、親が安心できる基地に子どもを物質的・精神的に縛りつけておこうとすることからくる外界へのなじめなさは、今までいろいろなところで論じられている。いわゆる分離不安型の不登校である。これは先に述べた「基地のない子ども」に通じるものをもっている。しかし問題がなく居心地のよい家庭にも、不登校児童・生徒が増えてきているのも事実である。

不登校児の心理療法をしていて、本人にも家庭にも、学校にも地域社会にも、さして問題がないのに、なかなか登校できない子どもに出会う。その子どもに接していてだんだんわかってくるのが、その家の文化と地域社会や学校の文化が合わないことである。現代は移動が激しい。転校も多い。地域開発による地域文化の破壊が起こる。新興住宅地の子どもとかつての地元の子どもの持つ文化差があり、その中でもすこし違った生活様式を持った家庭の子どもはなかなかその土地になじめない。帰国子女で日本に帰ると不登校になり、元の外国へ戻るとふつうになる子どもに何人も出会っている。このような子どもと接していると、日本人なのに日本文化になじめない悲しさと世界から批判される日本の閉鎖性を強く感じて心が痛むことが多い。

基地の居心地がよすぎるか、基地が外界の文化や生活と異なっていると、なかなか基地の外へ出て行けない。そのため集団になじめなくなる。そして、怖いことに基地の中の生活が長引くと

「今浦島」のようになってしまい、ますます基地と外界との落差が生じる。三〇〇年後に故郷へ帰ってきた浦島太郎がついに世間になじめなかったように、時期を失すると外界との接点を失ってしまうのである。地域社会での親しいつきあいや文化の喪失が、あちこちに自分勝手な桃源郷や龍宮を作ることになる。あまりにも居心地のよい場所や豊かさは、人間からハングリー精神やフロンティア精神を奪う。他人との接触を絶ったまま、現況から抜けられない生活を続けることになる。これはこれで、少々自分勝手な生き方をしても他人に迷惑がかからなければいいじゃないか、との共通理解の文化があれば成り立つかもしれないが、日本には「みんな一緒」「赤信号みんなで渡れば怖くない」などの、同一行動パターンへの指向性があるので、なじめるかどうかがアメリカなどよりも問題になる。グループに憧れているのにいじいじとして仲間になじめないのは問題だが、孤高に生きる生き方があってもこれからはいいかもしれない。そうするとなじめないことそのものの見方が変わる。しかし、同一行動指向の心性が強い国だから、価値観を変えるのには多大な時間がかかるだろう。

自分を生かせない学校

児童期（後期）になると、子どもは勉強する楽しみと重荷を感じはじめる。「宿題がある」という枷が、「遊び即人生」の時代との別れになる。親は子どもに頼もしさを感じるとともに、どこまで自分の子が他人と競争できるかとの不安を持つ。この時代は社会で活動するための自分の技能を磨き、その真価を問う時代であるため、社会の価値感の多様化、社会的価値のある行動を達成させる圧力の強さによって、大きい問題を生じる。大量の落ちこぼれの問題や、圧力が強力なため落ちこぼれる余地のないところからくる問題発生の遅延や身体化などの問題である。

日本が西洋に比べて後進国であったのに、アジア諸外国とは違っていち早く先進国になり、経済大国になれたのは、教育熱心な国柄とグループで一致団結して行動するのに得意な文化を持っていたためだと言われている。その反面、模倣はうまいが独創性がない、個性が発達しない、自分自身の意見がない、などの批判が外国からある。たしかに、湾岸戦争のときの政府の対応を見ていると、アメリカをはじめ諸外国の動向にばかり目が奪われ、日本独自の意見を出せずじまいだった。結局出したのはお金ばかりで、大切な資金を出しながら、人間的な尊敬は得られていない。政府や国は国民が作っている。国民の総合的な文化・行動様式が日本政府の有り方の基礎をなしている。政府やリーダーばかりを攻撃して自分自身の有り方や責任を回避するのも日本文化の特質である。政府やリーダーやグループは責任を逃れるために長い長い会議をし、みんなが決めたというように責任の分散を図る。そして、このような日本人の特質は教育によっているところが多い。何ごとも二つよいものはないものである。独創的で個性的な子どもは、当然のことに集団になじみにくい性格を持っている。みんな一緒では独創性も個性も生まれない。教育に国際性を取り入れようと叫ばれているが、これは外国語を学ぶことだけではない。文化を学ぶことである。文化を学ぶことは外国の文化を模倣することではない。違いを認めることである。

A君は絵が得意である。絵のコンクールの特賞に何度も入っている。しかし、学校で描く絵は粗末で平凡の一語に尽きる。A君の担任は「母親が相当手伝ったり教えたりするから、家庭で描いたA君の絵が入賞するのだ」と最初考えた。ところで、児童画にすこしでも関心を寄せておれる方ならわかると思うが、絵の指導の大切さはむろんあるであろうが、大人が手を加えたりしたら、絶対と言っていいほど子どもの持つ感性が損なわれ、児童画としての値打ちがなくなる。また、もし親のほうが教師よりも指導がうまいならば、教師は勉強不足ということになる。事実はまったく違って、親が指導しているのでも手を加えているのでもなかった。絵が好きである、好きなように絵を描きたいとのA君の願いを、親がかなえていただけである。A君の絵の描き方は、本職の絵描きと似たものであった。気が乗ると何時間も絵を描く。それも葉だけとか猫の足だけとかを何枚も描いている。画用紙だけでなく、ダンボールや板切れ、葉書や折り込み広告の裏など、気が向いたものに描いている。いわゆる習作を繰り返しているのである。

　A君と話してわかったのだが、A君ははじめての図画の時間を期待していた。絵を描くのが昔から好きだったからである。彼は与えられた画材をよく見ていた。あっというまに二時間過ぎていた。先生がA君の画用紙をのぞきこむと、ほとんど何も描けていなかった。先生は、みんなきちんと描いているのに、A君だけはさぼっていたと言って叱った。A君は腹が立った。さぼっていたわけではなかったからである。みんなの絵を見ても、先生がきっちり描けていると言ったわりには、A君から見ればきちんと描けているとはとても思えない代物だった。A君はしばらくの間、学校で絵を描かなくなった。本当にさぼったのである。しかし、それでは毎回叱られるので、A君はみんなと同じようにいい加減に描けばいいと、考えるようなった。しかし、本来絵の好きなA君はまあまあのいい加減な絵を描くなどプライドが許さなかった。そこで彼は本当のいい加減な絵を描くことにしたのである。

　B君は小学校低学年のときはオール1の成績だった。担任はB君の手を握って授業をしなければならないほどであった。B君はそのとき、「感情を持っているロボット」が作れないかといつもそればかりを考えていた。映画で見た「悪魔博士」になれば完成できるのではないかと思っていた。設計図と感情にこだわっていた。B君は中学へ進学するとき、自由さを大切にしてくれる特別な教育方針を持つ学校を希望した。彼は中学に入ると、ある先生に出会ったこともあったが、開学以来の秀才と言われるほどの成績をおさめた。彼は労せずして最難関の大学の理科系の学部に現役で合格した。その後も「感情のあるロボット」への夢を捨ててはいない。

心理療法をしていると、このような子どもに出会うことは稀ではない。「窓際のトットちゃん」もこのような子どもの一人だったと想像される。

公教育の普及は日本の生産性を高め、国民の平等性の確立に大きく寄与したことは事実である。A君やB君の担任はふつうの先生で、取り立てて非難するには当たらない。全体の立場に立った教育を考えると、二時間何も描かないで対象を見たり構想を練るためにぶらぶらしたりしている子どもは、さぼっているとしか思えない。やはり与えられた時間で与えられたカリキュラムの狙いに沿った絵を描くのがよい。しかし、これでは個性が育たないのも事実である。育ったとしても、まあまあの個性である。この「まあまあ」という言葉自体、日本語特有のものである。英語には直訳できない。何となくなじめていない子どもの中に、個性的な子どものいることをわれわれは知っておく必要がある。学校になじめないのは、学校のイメージを取り入れようとしている自分に自分の個性がなじもうとしないからである。

個性的な子どもを育てようとすれば、教師自身個性的でなければならない。学校になじめない子どもを考えるときに、学校になじめていない教師がいることも考えておく必要がある。教師の個性と子どもの個性がともに生かされたときに、学校になじめない子どもは大幅に減少する。教師一人ひとりが、自分の学校イメージに自分自身の個性がなじむかどうか、そしてそこにかもし出される雰囲気に子どもの個性がなじんでいるかどうかに、たえず心を向けておかねばならない。教師が学校になじんでいないと、学校は暗い。子どもがいかに個性的でも、家庭が変でも、学校が管理的でなく人間的ならば、教師も子どももどこか救われる。管理的でなく、人間味のある、家庭や地域社会ならば、暗い学校が明るくなる。なじめない夫婦もなじめない学校もなじめない人間も、みじめなものである。

V　集団生活ができない子どもたち

集団生活ができるためには、集団の規範を知っていることが大切である。集団の規範は、集団生活から学ばなければならない。これは、にわとりが先か卵が先かのような関係にある。集団の規範は犯すと厳しい罰が与えられるのが特徴である。しかし、一四歳未満の子どもの犯罪が、刑罰ではなく矯正によって対処されているように、年齢によって罰の与え方が変わるということも人間の社会規範と罰の関係にはあるのである。集団生活の最初の場面は家庭である。乳児には許されていることが、幼児になると許されなくなる規範がある。幼児には許されても学童には許されない規範がある。これらの規範を学習する場である家庭が核家族化し、しかも少子化してきた。そのうえ、共働きの両親が増え、子どもと一緒にいる時間が短くなった。個食が増えたばかりでなく、朝食をとらないで学校へ来る子どもが増えている。正しい箸の使い方を知らない子どもも増えている。親にきっちりと教えてもらっていないからである。箸の使い方のように、目で見える学習からしてこんな状態なので、目にハッキリ見えないしつけに至っては、野生児というような子どもたちも出現している。

これらのことは子どもではなく、教える親のほうに問題がある。この問題が難しいのは、親自身も自分の親から教えられていないことである。三世代同居の家族であった時代では、父親は祖父から教えられ、息子はそれを見ていて覚えていく。娘は、姑から教えられている母を見てそれを学ぶ。結婚しても困らないように母親は娘をしつけていく。娘たちは弟や妹の世話をすることで、子どものあやし方や育児の仕方を学ぶ。若者は地域の長老から学び、年齢の違う子どもたちの集団から、年少の子どもたちは集団の規範と生きる知恵を学ぶ。このような学習の連鎖が、ここ六〇年の間に壊れてしまった。工業化が自然のメカニズムの連鎖を破壊していったように、人間の学びの連鎖が破壊されてしまったのである。学校が、しつけや集団生活のルールを学習する場の確保と、保護者と子どもの学習の連鎖を、復活させるシステムを供給する必要が出てきている。

幼稚園から大学まですべての教師たちが「この頃の子どもたちは幼い」と言っている。そこで学ぶにはあまりにも幼い子どもたちを教育する必要性が、今の学校に求められている。幼い精神に対応するために、ますます幼い子どもに接するようなやり方をしなくてはならないのだが、はたしてそれだけでいいのかとの疑問が現実場面では起こっている。「子どもは幼いほど厳しくしつけ、成長するにしたがって自主性を認めていく」というのは、しつけの要点の一つである。幼い子どもは、それがいいことか悪いことかもわからないからである。知らないことは、大人が教えてやらなければならない。知っていて悪いことをするのは、どうしてそれをするのかのその子の心を理解する必要が大人の側にある。これができるためには、親や教師自身は大人である必要がある。幼い子どもたちを教育するには、幼い子どもの気持ちを理解することも必要ではあるが、断固たる大人の自信も大人には必要である。幼いやり方に対処するのに、しつけるほうには大人のやり方が必要なのである。園児に虐待を行なった園長が逮捕される事件があったが、この園長の精神はあまりにも幼いと言わざるを得ない。児童虐待の背景には、虐待者である大人の側に幼児性があるのである。

スクールカウンセラーは子どもたちの心の成長を図るだけでなく、教師や保護者の心の成長に対する援助を行なうことも必要になっている。なかなか難しいことではあるが。

●引用文献

東山紘久「子どもの人格形成」『精神の科学6巻』3章、岩波書店、一九八三

東山紘久「学校になじめない子の心理」『児童心理学』金子書房

第5章　親・保護者との連携

I　今までの学校が陥りやすかった学校と保護者の連携の問題

不登校、いじめ、校内暴力、非行と児童・生徒の問題がマスコミの話題とならない日がないほど、今日の子どもの問題は大きい。学校や教師の側は問題の原因を家庭に求めがちになり、親は子どもの問題を学校や社会、友人の問題に転嫁しがちである。考えてみるまでもなく、国に問題が多いと地域社会の問題は多発し、地域社会に問題が多いと学校の問題が多くなるし、学校に問題が多いと子どもに問題が多くなり、子どもに問題が多くなれば家庭に問題が波及する。そして、この逆もまた成り立つ。学校に取り立てて問題がなくても家庭に問題がある子どももいる。家庭に問題があると子どもに問題が起こりやすい。家庭に問題がある子どもが、ある学級に重なることもある。すると、学級の問題に派生し、学校の問題になり、地域社会の問題になる、といったことも起こる。

学校は子どもが一日の三分の一から四分の一の時間を過ごすところであり、そこに問題があると子どもに問題が多発してもおかしくない。学校に問題があっても、心理的にいちばん安心できる家庭がその問題を昇華できるならば、子どもの問題はひどくはならない。家庭に問題があっても、よい先生にめぐり会えば、子どもの葛藤はある程度解消される。学校と家庭が責任をお互いに転嫁せずに、協力しあえる体制（システム）を作ることが大切である。

スクールカウンセリングとはカウンセリングの場が学校であり、カウンセリングの対象が児童・生徒とその関係者であるカウンセリングである、と定義されよう。それとともに、カウンセリングの方法や中身が学校以外で行なわれるカウンセリングとは異なる特徴が必要だと思われる。従来のスクールカウンセリングは臨床心理士などの専門家が行なっているカウンセリングの理論と方法を学校に適用しようとするものが中心だったが、スクールカウンセリングにはスクールカウンセリングの理論と方法が必要であると思われる。

学校で子どもが問題を起こしたとなると、とりあえず保護者を学校に呼ぼう、ということになる。これには保護者と学校が協力して事にあたり、子どもの問題を解決しようという目的がある。しかし、この中には学校側の責任逃れもある。それは、学校で生じた子どもの問題行動を保護者が知らなかったでは学校に責任がかかるからである。知らせなかったら、なぜ保護者に知らせなかったのかという批判があとから起こる可能性があるので、このような事態を避けたいとの学校側の思惑がある。ある子どもが加害者の場合、保護者同伴で被害者に謝りに行ってもらい、できることならその責任を当事者同士で解決してもらいたい、と学校側が思うからである。教師だけでは手に負えないので、保護者に手伝ってもらいたい、などの責任回避的態度や逃げ腰的態度があるのも事実である。

学校側の姿勢や態度が前記のような場合は、保護者に面接する管理職や担任、生活指導の教師の態度は、問題を起こした子どもを持つ保護者と協力して事にあたるというような共感的理解や受容的態度とは大きく隔たり、権威的、責任回避的、言い訳的、説教的態度をとりがちである。責任を親に転嫁する態度がどこかにあるのである。

教師自身、自分の子どもが学校で問題を起こし、学校へ行き、担任や管理職に会わねばならない状況に追い込まれた、というような日常とは逆転した立場におかれたとき、教師や管理職などの学校側のとる態度が、前記のようなものであったら、おそらく失望を禁じえないであろう。そのうえ、おたくは教師なのに自分の子どもさえ満足に育てられないのかというような叱責を暗々裏にでも感じたならば、そのときの学校側の職員に対して協力して事にあたろうなどとはとても思えないだろう。

立場を逆転させたときの相手の気持ちをくんで、ともに問題の解決のために助け合うのが共感的理解であり、援助的態度なのである。従来の学校にはともすればこのような態度が欠けていた。これとは逆に、カウンセリングの態度の基本はまさに心理的に困った人を助ける態度である。保護者に対するスクールカウンセリングの基本的態度、枠組みの必要性と目的が今の学校には必要なのである。

II　心の問題が難しくなってきた現代という時代

　前節では、従来の学校が陥りやすかった保護者との問題を取り上げたが、現在の学校が抱える問題として、保護者自身の問題が複雑になり難しくなってきたことによる学校側の混乱がある。現代は、保護者自身の難しい心の問題が学校に持ち込まれる時代になってきた。従来は保護者自身の問題は、保護者の家族や親族、地域社会が援助を担っていたのであるが、現在はそれらの受け皿がなくなってきたのである。いくつかの事例からこのことを検討してみよう。

◇学級崩壊の事例

　まず最初に最近多発している学級崩壊から見てみよう。学級崩壊を起こす要因はいくつか考えられる。①教師の指導能力の欠如、②管理職を含めた学校側の学級サポートシステムの脆弱性、③子どもの問題の深さと保護者の問題、である。これらが重なったときや一つでもあって問題が大きすぎて組織の持つ自浄能力を超えるときに、学級崩壊が起こっている。

典型的な例をあげよう。

事例1　A君は、授業中学級をうろつき、友達にちょっかいを出し、友達が少しでもそれに反発すると喧嘩を始める。担任は、A君と友達との騒ぎの仲裁や防止に追われ、その間学級は放っておかれる。これが頻発するにしたがって、A君と同調する子どもが現れ、あちこちで騒ぎが起こる。こんな状態に業を煮やした子どもたちから、担任に何とかしてくれとの批判が起こる。ついに担任のほうも切れてヒステリックに叱るが、これがますます学級の混乱に輪をかけ、学級が無政府状態の様相を呈していく。担任はしだいに自信を失い、管理職や他の教師に助けを求めるが、管理職に教員としての能力を疑われ、「頑張れ」「家庭訪問をしてA君の親と連携をとれ」と言われるだけである。同僚の教師も事情はわかるが、自分の学級で手一杯である。今までのこの担任の態度がすこし自己中心的だったこともあって、実際の援助も心のサポートも今一つといった状態である。管理職に言われて家庭訪問をしたが、保護者は自分の子どもは悪くない、担任の指導が悪い、友達のほうが悪いと非難するだけである。保護者のそのような態度が子どもの問題の原因だと感じた担任は、それを指摘するが、担任の意見が受け入れられるどころか、ますます保護者を感情的にしてしまい、担任と保護者の関係をこじらせただけという最悪の状態で家庭訪問が終わる。この結果を管理職に報告する勇気もなく、疲れを増しただけで、担任は帰路に着く。翌日になるとA君の態度は、ますますひどくなっている。家庭訪問が担任と親の関係を悪くしたのだから、当然の結果である。このような状態が続いたので、他の子どもの保護者たちが不満を募らせていく。保護者会を開くが、肝心のA君の保護者は来ない。保護者の中には、A君の家庭へ直接抗議をしに行く人たちが出てくるが、担任の家庭訪問の結果と同じように、腹を立てて、A君の保護者との関係を最悪にしただけに終わる。管理職に直訴する保護者グループができるが、管理職は「担任によく伝えておきます」と言うだけなので、学校への不信が保護者の間で爆発する。ついに担任は休職か退職か転勤するはめに追い込まれていく。問題は何一つ解決しない。

◈保護者の人格に大きな偏りのある事例

教員や学校が音を上げる保護者の問題を検討しよう。現在、精神神経科や心理相談室でいちばんセラピストを手こずらせるクライエントに境界性人格障害と言われる一群のクライエントがある。境界性人格障害は、極端な甘えと攻撃をこれはと思う人に執拗に行き着くところまでぶつけていく。自己洞察や反省に乏しく、悪いのはすべて他人のせいにする。学校や担任が、「これはと思う人」になった場合、現場は混乱し、対象になった教師は極度に疲弊する。典型的な事例をあげてみよう。

事例２　B君が学校へ行き渋っていると、学校へ保護者が駆け込んでくる。担任が保護者の話を聞くと、担任がB君に冷たく当たるからだと言う。担任にはまったくと言っていいほど心あたりがない。しいて思い当たるところを探したが、B君とのやりとりでは思いつかなかった。ただ、B君の保護者との個人懇談会で、学校行事での忘れ物や修学旅行の積立の話をしたとき、保護者が妙に変な顔をしたことが気がかりではあった。それに、たしかにこの頃B君は遅刻したり欠席したりする日が増えてはきている。学校では友達と元気に遊んでおり、担任とも屈託なく話をしているように思えた。ただ、不登校の子どもは、学校と家庭での態度に差があることがあると知っていたので、家庭訪問と迎えを兼ねて、養護教諭と一緒に朝に家庭訪問をすることにした。ベルを鳴らしたが、誰も出てこない。B君と保護者が部屋にいる気配がしたので、「B君、お母さん、B君、お母さん」とドア越しに呼びかけた。すると、B君が「先生が迎えにきたので学校へ行く」と言っている。母親が「あなたは学校へは行けない」と制止する声が聞こえる。お互いのやりとりがだんだん大きくなる。親が学校へ行けと言って、子どもが登校を渋るのはよくあることだが、これでは逆ではないかと二人の教師はいぶかしく感じた。二人のやりとりを聞かれたと思った保護者は、「先生、今日は子どもはとても学校へ行けませんので帰ってください」とドアを開けずに叫んだ。仕方なく二人の教師は心をその場に残して引き上げざるを得なかった。

その日の午後、保護者が血相を変えて校長室へやってきた。「子どもが学校へ行けないのに、大声で外から呼ぶので、近所に恰好が悪くて仕方がない。何とかしてくれ」との抗議であった。校長は、二人の教師から聞いた話とあまりにも違うので、その点を話すと、保護者はますます激昂し、「このような学校にはおれない、すぐに転校させたい」と強硬である。もう少し考えてみてはどうかと校長が話すと、「とりあえず学校には来ずに○○塾へ行かせたい、それで出席扱いにしてほしい」と強く懇願した。そして、○○塾は日本一の塾であり、この学校と比べると天と地の違いがあることを迫力ある声で小一時間とうとうと話しつづけて、「明日から○○塾へ行かせます」と宣言して帰っていった。

B君はこの学校で三度目の転校である。それは、保護者の転職や転宅というような物理的な要因ではなかった。保護者が、前の学校を糞味噌にこき下ろして、次に転校したいと思われる学校こそがＢ君に合う理想の学校である、と今回のようにまくし立てたために、教育委員会や学校側が認めたものであった。この学校への転校の際にも、前の学校と担任がいかにひどかったかを、そしてこの学校こそが理想の学校だ、と感情をこめて語った。Ｂ君のためになるのならとの思いで、校長は無理を承知で引き受けたのである。今やその立場が逆転した。校長や教師たちはあれほど懇願されたから引き受けたのに、今になってそれはないだろう、との思いが心の底にあった。しかも、〇〇塾は、以前この学校で教鞭をとっていた教師が退職後に開いた塾であり、塾長をよく知っている数名の教師には、とてもそこが理想の塾だとは思えなかったこともあった。Ｂ君のためだけを考えると、学校に通うほうがいいと思うが、誰も保護者を説得できるとは考えられなかった。結局Ｂ君は籍を学校においたままで〇〇塾に通うことになった。しかし、それも二カ月で辞めた。母親が今度は〇〇塾の塾長を無茶苦茶に攻撃し、別の学校へ転校させたい、と強烈に主張したからである。またまた教育委員会と学校を巻き込んで、大騒ぎの中で次の学校を見学した。そのとき、Ｂ君は大声を上げて抵抗したが、それは子どもが気に入った証拠なのだ、と保護者は言い通して転校させた。この先どこでＢ君が助かるのかは誰にもわからない。

◇保護者が重い精神の病を抱える事例

現在は精神を病む人が増えていると言われている。それも従来よりは、病理が軽く、したがって投薬はされていても入院していない人が増えている。保護者の精神が蝕まれていると、子どもに与える影響は大きい。精神を病む保護者に、配偶者やその親（子どもから見れば祖父母）や地域の援助者などがついていると、子どもへの影響は緩和されるが、核家族と地域社会の崩壊は、もろに子どもに影響がおよび、子どもにとって学校が唯一の安らぎの場になる可能性がある。しかし、スクールカウンセラーが配置される以前の学校では、その対処が非常に難しかったのが現実である。典型例をあげよう。

事例3　A子の担任が校長室へ駆け込んできた。A子の母親が授業を見たいと来ているのだが、どうもようすがおかしい。ようすを聞くと、A子の授業を見るというよりは、教室をうろついて、ひとり言を言ったり、空笑いをしている。校長はとりあえず校長室へ来てもらうように担任に指示した。A子の母親に会うと、A子が学校へ行くと寂しくなるし、身のまわりの世話をする人がいなくなるので、A子を家においていてはいけないかお願いしたい、とのことであった。校長が、今日は授業参観日ではないので、ひとまず家に帰ってほしいと伝えると、あっさり帰っていった。放課後担任に家庭訪問をしてもらい、父親の意見を聞くことにした。担任が訪問したとき、父親は不在で、母親は寝ていた。家は足の踏み場のないほど散乱していた。対応してくれたのはA子であった。A子は、父親が当てにならないこと、お金は入れてくれるが、家庭のことに関しては頼りにならず、それをしつこく言うと家に帰ってこないので、言えないとのことであった。A子の苦境と母親の精神的病の重さはわかったが、具体的に担任がどのようにしていいかわからず、足取り重く帰校した。

従来の学校のシステムからすると、A子の場合のように学校側がどのような働きかけをしていいかわからないケースが増えている。このほかにも、家出を繰り返す女子中学生で、保護者に対処してほしいと言うと、子どもを殴るだけでよけいに家出を加速させたり、「あの子はもう棄てた子どもなので、そんなに心配なら先生方で何とかしてください」と一方的に下駄を預けられる事例もある。また、学校で殺傷や暴力事件が起こり、学校側、加害者側、被害者側の三者がもめるだけで、肝心の子どもたちに対するケアが滞る事例もある。

次の節では、保護者やそれと関わる教師や管理職に対するスクールカウンセリングの実際を、例として述べたい。これらは、筆者が見聞したり実際に行なったりした方法であるが、守秘義務上いくつかの事例を、本質を損なわないように合成したり、一部改変したりしてある。その意味でこれらの事例はあくまで参考であり、その場その場の実情に合わせた方法の開発にこれらの事例が寄与すれば幸いである。便宜上、この節で述べた三つの事例をもとにして述べることにする。

Ⅲ　保護者の問題にアプローチするスクールカウンセリングの実際

スクールカウンセラーが派遣されるようになって、保護者の問題の解決に大きな期待がかけられている。しかし、大きな問題にアプローチするには、スクールカウンセラー側にしっかりした理論的枠組み、それを可能にする技量と自我の強さ、スクールカウンセラーとしてのアイデンティティの確立が必要とされる。同時に、スクールカウンセリングの効用と限界を自分の技量をベースにして構築しておくことが要求される。

［事例1］のA君の場合であるが、学級が崩壊し、学校側に対する保護者の不満が高まり、校長が担任を解任したあとで、スクールカウンセラー（臨床心理士）がこれに対応するために相談を受けた。スクールカウンセラーは、新担任と相談して二つのアプローチをすることにした。一つは図工の時間を提供してもらい、集団絵画療法を行なうこと。もう一つは、保護者のグループカウンセリングをすることである。

子どもたちに自由に絵を描いてもらったところ、戦いの絵が圧倒的に多かった。手足が千切れて、血しぶきをあげながら吹っ飛んでいるようなすさまじい絵もあった。攻撃的な絵は、男女ともに見られた。机間巡視しながら、子どもたちの感情を言葉にしたり、絵を感激しながら見ていると、何人かの子どもたちが絵についてお話をしてくれるようになった。そこで、タイミングを見計らって、そのお話をみんなにしてくれないかと頼むと、案外あっさりと引き受けてくれる子どもが現れた。みんなでその絵を見ながら話を聞いた。自分もお話を作りたいという子どもには、画用紙の裏にお話を書くことをすすめた。マンガを描いてもいいかという子どもには、もちろんいいと話すと、劇画を描く子どもも現れ、それを読みたい子どもも現れた。そうして絵画療法が軌道に乗ってくるにしたがって、授業ができるようになった。A君は、最初無茶苦茶なぐり書きをしていたが、それをほめられると絵画療法に参加してきた。同時に、個別のプレイセラピーを放課後、A君とA君の両親の了解のもとに始めた。A君が授業中にうろうろしたくなったとき、プレイルームに行ってもよいことにしたこともあって、A君は教室でしだいに落ちついていった。

保護者のグループカウンセリングは、「今の学級の現状にいろいろな思いがあると思います。スクールカウンセラー（臨床心理士）と一緒になって、現状がすこしでもよい方向へ改善されるように考えませんか。参加しようと思われる方は○日○時にカウンセリンググルームに集まってください」という呼びかけではじまった。最初に参加された保護者は数名だった。カウンセラーは、保護者の愚痴や不満に耳を傾けた。愚痴や不満が言い尽くされてくると、自分の子どもはなかなか宿題にとりかからないがどうすればよいか、親の注意を聞かないどころか反抗するがどうすればよいかなどの自分の子どものことが語られはじめた。カウンセラーは、ロールプレイを取り入れることにした。保護者に母親（父親）と子どものロールをとってもらい、問題の場面を演じてもらった。親たちはさすがに子どもとじかに接しているだけあって、親ロールも子どもロールも真に迫っていた。ロールプレイは笑いの渦に巻き込まれ、それとともに自分たちのやり方のまずいところを感得していった。うわさを聞いた保護者が参加するようになり、あるときはほとんどの保護者が参加するまでにもなった。これを聞きつけた他の学級の保護者たちがぜひ自分たちにもこのような機会がほしいということになり、だんだん全校の保護者にグループカウンセリングの場を開放するようになった。

［事例2］のB君の場合、B君の保護者の言動が、学校側の観察している事実と異なり、あま

りにも身勝手だと教職員が感じだし、管理職としても、このままだと保護者と関係教員の関係が最悪の状態になるばかりか教員と塾長、学校と教育委員会の関係も悪くなり、それらに対する不満が管理職への突き上げとなり、学校組織がバラバラになる危険を感じたときに、スクールカウンセラー（臨床心理士）に相談が持ち込まれた。

スクールカウンセラーは、まず関係教員と管理職から話を聞いた。その結果、B君の保護者が境界性人格障害の特徴を色濃く持っていることがわかった。スクールカウンセラーは、境界性人格障害の典型的な事例が記載されていて比較的読みやすい本を数冊と関連事例文献をプリントして、関係者に配った。それらを読んだ管理職や教員全員が、期せずしてここに書かれている事例が、B君の保護者のそれかと間違うほど似ている、と感激した。一般的に最近の教員は、忙しくなったこともあり、あまり本を読まないと言われているが、切羽詰まった状況の中ですぐに役立つ本であれば、そこは教育の専門家であるだけに、理解も速く正確であった。

次に、スクールカウンセラーは、B君の保護者は、前の学校や教育を糞味噌にくさすのに対して、次の学校や教育は手放しで礼賛する傾向があること、しかもその思いは長くて一年、早ければ数カ月しかもたず、今まで次々とそのような変遷を繰り返していることを指摘した。だから、〇〇塾とその塾長も数カ月でぼろくそに言われる運命にあることを予測した。これを聞いた担任や関係教員は、今の自分たちがおかれている状況がやがて〇〇塾の塾長におよぶのかと思うと、塾長に対する腹立ちが同情に変わるようになった。このことが、しばらく保護者の言うようにB君を塾に行かせてやり、そこがB君の役に立つように応援しようという態度に教師を変えた。予測どおりというか予測より早く、保護者と○○塾との関係が悪化した。保護者のあまりの態度の激変に塾長は切れてしまった。同時に、学校がおかれていた状況と教師に対して、それまでは批判的だった塾長側の理解が増した。

この状況は、Ｂ君の保護者にとっては、受け入れられないつらい現実を示すことになった。一般的な保護者の場合なら、このような状況は自らがもたらしたものとして反省するが、Ｂ君の保護者のような境界性人格障害があるときは、ますます激しく相手を攻撃し、自分を支えてくれる人を求める。スクールカウンセラーはこのことがわかっていたので、教頭先生にその役目をお願いし、Ｂ君の保護者にはこちらからは積極的にアプローチしないこと、しかし保護者が話したいと言われたときには時間無制限で聞いてあげること、とその方法を話しておいた。教頭先生は非常によくできた方で理解も速く、早速カウンセラーの言う方法を実施した。あるときは六時間ぶっ通しで保護者の話を聞いた。おかげで唯一保護者の味方として、教頭先生が学校側の窓口になれたのである。Ｂ君はもともと不登校ではないので、これでＢ君が学校に定着してくれれば万々歳なのだが、このような保護者の場合そう簡単ではない。なぜなら、担任をはじめ関係教員をこっぴどく罵っていたので、保護者自身が学校に対して居心地が悪いからである。

保護者は次に教育委員会に現状を訴え、転校させるように働きかけた。教育委員会の一人の指導主事が母親の話に乗ってしまった。彼は学校側の態度や指導をこき下ろし、学校を指導しようとした。指導主事の役割上、ある意味でそれは正しいのだが、Ｂ君の保護者がこれまでとってきた態度や人格の様相をまったくわかっていなかったことが不幸であった。学校と教育委員会が対立すると、学校にとってもB君にとっても不幸なことになる。これは、先ほどの○○塾と学校の関係ですでに明白である。幸いなことに、スクールカウンセラーとこの指導主事の上司である指導課長が知己の間柄であった。スクールカウンセラーは、管理職と一緒に教育委員会を訪れ、これまでB君の保護者がとった学校に対する態度の歴史や教員に配った文献、それと学校での今までの対策の経過を説明した。課長は境界例に対しての知識や理解があり、学校側の対策に同意し、指導主事の感情移入的な指導を指導することを約束してくれた。教員は、先の塾長との経験から、やがて指導主事も気の毒なことになると予測して、彼に対する怒りはなく、同情的であった。そして、この予想は不幸にして当てはまり、指導主事はこの保護者から大げさに言えば逃げ回るようになった。教育委員会と指導主事の態度の変化に激怒した保護者は、議員を動かしたり、他府県の教育委員会にまで、求める対象を広げていった。しかし、対象を拡大すると、それだけ相手は希薄になる。そして、再び学校へ帰ってきた。もちろん転校させてほしいという主張は変わっていなかったけれど。

ここに至って、B君を学校で抱えておくことは無理だと校長が判断した。せめてB君がより適応できる可能性を求めて協力することにした。保護者が望む学校と連絡をとり、担任や学年主任が保護者と一緒に転校先の学校を見学したり、体験入学を援助したりした。B君は抵抗を示しながらも転校していった。教員をはじめカウンセラーも、できることはやったという感じはあったが、B君に対してすまない気持ちが残った。それは同時にこれ以上できない自分たちの能力に対する無力感だった。

事例3（つづき）　A子の場合は、母親と校長が話し合い、担任が家庭訪問した段階で、スクールカウンセラーが入った。A子はどこか諦観に似た雰囲気を持った生徒だった。能力はあるが、家庭でエネルギーをとられるのか、成績はもう一つであったし、欠席日数も多かった。スクールカウンセラーは、校長や担任の話から、A子が登校するためには母親への心理的ケアが必要であるとわかっていたので、母親のカウンセリング、それも母親の内界に入るのではなく母親の寂しさを慰める友達としてのカウンセリングをすることにした。また、A子が話したくなれば、カウンセリングを受けに来てもいいと言っておいた。そして、もしA子が登校しようとしたときに母親が引き止めたら、一緒に学校へ来ることを提案した。母親の準備ができていないときには、先に行くが学校で待っていることを伝えて登校するようにと、A子にアドバイスした。A子がそれを実行に移すと、母親はスクールカウンセラーのところへやって来た。自分のできなさや夫のこと、A子のことを愚痴とも話ともつかない口調でゆっくりと話し、気がすむと帰っていった。

母親は調子がいいときは学校へふらっとやってきては話していくことを繰り返した。A子のほうはカウンセリングルームへはあまり来なかった。A子にとって家庭の問題は、愚痴をこぼす程度で解決できるようなレベルの問題ではなかったからである。それでも、ときどきはカウンセラーに母親や自分のようすを告げに来てくれた。

スクールカウンセラーは父親との話し合いを持ちたかったが、それは父親の消極的な拒否でできなかった。無理をすると父親までだめにする危険があった。父親に妻や娘のケアができるほどの強さがなかったからである。カウンセラーは、母親の介護というより家事の援助が必要だと感じていた。管理職を通じて民生委員や保健所にアプローチしてもらったが、父親に自立できるだけの経済的な力があること、今の状況では介護保険の対象にするのは難しいことなどの理由で進まなかった。ボランティアの導入も検討されたが、父親やA子が他人に家庭に入られるのを好ましく思わなかったうえ、当の母親がいやがったのでそれもできなかった。母親はA子に頼りきっていたからである。母親にとっていちばん気持ちが許せ、自分を守ってほしい人がA子であったのだ。

カウンセラーは自分の限界を感じたが、A子と母親にできるだけの心の援助をすることに徹した。A子はそのような環境でかろうじて卒業し、母親の面倒を見るために通信制の高校に進学した。

以上、三つの保護者に対するスクールカウンセリングの実際を検討してきた。放任家庭、虐待家庭、崩壊家庭、単親家庭など、保護者の深い問題は枚挙にいとまがない。現在はそれらに対する受け皿の構築に関係各所が努力している最中であるが、核家族化、少子高齢化、地域社会の崩壊、グローバル・スタンダードによる社員福祉の減少など、社会の変化についていけていないのが現状である。学齢期の子どもを持つ親の場合、拠り所は学校となる。しかし、スクールカウンセリング制度が導入されたとはいえ、学校は家庭の問題まで処理する能力とシステムを持っていない。また、カウンセラーは、親子並行面接などで、子どもに対するアプローチだけでなく保護者に対するアプローチも持ってはいるが、それを学校場面に応用するためには、もうひと工夫いるような気がしている。

虐待問題に端を発した家族支援が今、日本臨床心理士会を中心にして行なわれている。また、日本家族心理学会から『学校臨床における家族支援』という著書が出ていて、この分野での家族支援の問題と方法が述べられている。これらのアプローチを参考にしながら、スクールカウンセラー一人ひとりが赴任校に合ったアプローチを工夫することが必要だと思われる。

●引用文献

東山紘久『母親と教師がなおす登校拒否』創元社、一九八四
氏原寛・東山紘久『カウンセリング初歩』ミネルヴァ書房、一九九二
東山紘久「親のスクールカウンセリング」教育と医学、６号、59～64、一九九三
日本家族心理学会編『学校臨床における家族支援』金子書房、二〇〇一

第6章 教師のメンタルヘルス

I 社会的良心・超自我とメンタルヘルス

社会的良心である超自我を担う職業についている人のメンタルヘルスは、一般的によくないと言われている。自分の行動が社会でどのように思われるかを考えて行動する必要があるからである。一般人なら大目に見て許されるような行動でも、社会的良心を代表するような人がすると許されない場合が多い。警察官・検察官・裁判官や公務員・教師が犯罪を犯した場合、新聞の取り扱いが大きくなることからもこのことは明らかである。しかし、一般的にはこれらの職業にある人の犯罪は、心理学的確率である危険生起率で言うと一％以下である。それでもこれらの職にある人の犯罪は、人々に衝撃的な影響を与える。それは、このことが社会的良心や規範を揺るがすからである。

最近、大阪高検の公安部長が逮捕される事件が起こった。検事のこのような犯罪は検察制度はじまって以来のことであり、客観的に冷静に考えれば、事件責任は個人的な要因にほぼ帰していいと思われるし、今後このような事件が多発するとは考えられないが、この事件が人々や社会に与えた悪影響は計り知れない。それは、われわれはいったい誰を信じていいのか、という人間の信頼の根本をどこかで揺るがすからである。

力学に作用・反作用の法則がある。これは作用が大きいと反作用も同じように大きいという法則である。これと同じで、この事件が世間の人々に与えた衝撃の大きさは、超自我を担っている検察官やその関係者に与えた影響と同じくらいに大きい。圧力はそれを受ける面積に反比例することを考え合わせると、検察官一人ひとりに与えた影響は、世間の一般の人々の何倍にもなることが予想される。このことから類推されるように、社会的良心を担う教師が日々に感じる社会的圧力（ストレス）は、相当なものである。

教師は、心の中のどこかでこのようなストレスから逃れたいと感じている。戦後の人間性回復運動の中で、教師はこのような圧力から逃れられるかもしれないと思われる機会を持った。それは、組合運動が盛んな中で、教師は聖職者か労働者かという論議が起こったときである。それまでは、教師が単なる労働者と見られていない社会的風潮があった。教師が聖職者と見られていた戦前の教師のメンタルヘルスは、一般人よりもよくないとする傾向があったと言われている。戦後、民主化されるにしたがって、教師は聖職者から労働者になった。戦前の権力主義の反省から、マスコミの権威破壊にも熾烈なものがあった。しかし、この運動は教師の権威の喪失をもたらしただけで、社会的良心を担っているイメージの変化はそれほどでもなかったのである。だから教師は、一方で権威を破壊され、一方では「先生のくせに」と社会的良心を担うイメージを持たされつづけている。教師も人間であると頭ではわかっているが、理想的な人間であってほしいという、みんなが教師に抱くイメージは変化していない。イメージと実態に乖離があるのである。イメージと実態の乖離は、ロジャースの理論を待つまでもなく、人を葛藤状態におく。教師のメンタルヘルスの保持の難しさがここにある。

社会は教師を取り巻く世界を変化させただけでなく、地域社会や家庭環境を激変させた。子どもの自然な心の成長を育む地盤に大きな変化が起こった。毎日の新聞に子どもの問題が出ない日がないほど子どもの問題が大きくなった。河合隼雄（一九七六）は、西洋社会が個の倫理に則っているのに対して、日本の社会は場の倫理によって支配されていることを指摘した。国際化の時代をむかえ、西洋の基準が日常生活に入ってくるにおよんで、われわれの意識は個の倫理に、無意識は場の倫理に支配されており、意識と無意識の乖離が大きくなった。本音と建前の組み合わせが複雑になった。これらの問題は、子育てに大きな影響を与え、子育てをする親の自信を喪失させ、日常の人間関係を道具的で非人間的な方向へと拍車をかけた。学校教育はこれらの問題が具体的に現れる場であり、典型的に起こりやすい雰囲気を持っている。その第一線に身をさらさなければならないのが教師であり、教師のメンタルヘルスの維持がますます困難になってきている。

筆者はここ二十数年教師のカウンセラーをしていて、教師が深く傷つく例に出会ってきた。職場の中でそれを癒すことが難しい職場も多くなった。教師のメンタルヘルスを考えるうえで筆者が出会った事例を通して、まずこの問題を考えていきたい。クライエントの秘密保持を考慮して、事例はすべて典型的な事例を数例合成して組み立てた。その意味でいわゆる生の事例と異なっていることをお断りしておきたい。

II　教師であることがメンタルヘルスを悪くする事例

事例4　Aさん。五〇歳男子。高校教員。Aさんは保護者から尊敬される模範的教師であった。問題を起こす生徒がいると夜中でも駆けつけて、保護者や本人の援助を惜しまなかった。問題があり、就職が困難な生徒には、一緒に会社まわりをしたりして、就職したあとでもアフターケアをきめ細かくしてやるような人であった。ところがである。息子が高校へ進学した頃から、問題が生じてきた。息子が学校へ行かなくなってしまった、いわゆる不登校になったのである。Aさんは息子の問題を隠し、あたかも以前と変わりなく何の問題もないかのように、ある意味でますます教師の仕事に没頭した。家庭での態度と職場での生徒に対する態度の二重性が拡大した。息子の症状はますますひどくなっていった。Aさんは自分はこんなに立派な教師なのに息子が学校へ行かないのは、息子のせいだと思いたかった。Aさんは息子を無理やり学校へ行かせようと努力した。すると息子に家庭内暴力が出てきた。Aさんは息子を無視した。息子の家庭内暴力はますますひどくなり、ついには自室の窓から空気銃で通行人を狙い撃つような家庭外暴力へ発展する兆しさえ見えだした。ここに至って、Aさんは外向きの顔を持ちつづけることができなくなった。このまま進むと刑事事件に発展し、Aさんの模範的教師としての社会的評価が一挙に崩れるからである。世間の評価は教師に厳しい。模範的教師の評価が、「自分の子どももきちんと教育できない教師」との評価になりさがるのである。Aさんの不安感は頂点に達した。このようなときに、Aさんはカウンセラーのもとにやってきた。

カウンセラーはAさんの不安をひたすら聞いた。教師という職業が私生活の問題にまで深く関係する不条理を聞いた。せっかく築き上げた評価が瓦解する不安を聞いた。子育てをうまくしなかった妻に対する不満を聞いた。息子に対する怒りと言いようのない失望感を聞いた。Aさんは不安をカウンセラーに話すうちに、自分は教師であったが父親の役割を果たしていないことに気づきだした。「妻に子育てを任していたのに」と妻に責任を押しつけ、自分の責任を回避していたことに気づいた。他人の子どものことには走り回るのに、自分には何もしてくれない、と寂しがっていた息子の気持ちに気づきだした。Aさんは仕事を減らし、子どもと家庭にエネルギーを使いだした。息子と遊びだした。息子が幼い遊びを父親と一緒にすることを喜ぶのを見て、今さらのことのように息子と関わってやらなかった自分を反省した。息子の家庭内暴力は静まっていった。学校は二年留年したが、Aさんはそれを当然のことと受け止めることができた。息子は二年遅れて高校を卒業し大学へ進学した。Aさんは仕事で昔のようにがむしゃらに生徒や保護者と関わることはなくなったが、そのことがかえってAさんの評判を高めた。Aさんは仕事量を減らしたのに信頼が高まったことに戸惑いを覚えたが、カウンセラーからそれが人間の幅の拡大からきていることを聞いて納得した。Aさんの夫婦関係が改善されたことも、息子の不登校がもたらしたお土産であった。

みんなから信頼されている牧師の娘がひどい非行少女になったり、温情判事の息子が犯罪を犯したりすることは、そんなに多くはないがときどき起こるものである。人間は、個人・家庭・社会の中に他人に知られたくないし、自分でも気づきたくない影を抱えて生きている。ときどき、それを統合しなければならないときがある。子どもや配偶者がそれをさせてくれる。しかし、社会的良心を担い、社会から尊敬されているときにこれを行なわなければならないことは予想以上の苦悩であり、不安感が大きい。カウンセラーや管理職はこのことをよく知っていることが大切である。不安や苦悩に陥っている人を責めずに、苦悩の中身をよく聞き、苦悩を理解し、問題の本質を心の内に統合できる方向に向かってどこまでもつきあうのである。このような態度が防衛の硬くなりがちな教師の心を解放し、個人的苦悩と教師であるということから来る二重の苦しみを和らげ、問題を本質から解決する方向へ、教師自らが進んでいけるように援助するのである。

戦後、社会的な権威を持つ職業の権威が失墜してきた。それなのに、批判はますます厳しくなっている。

III　教師自身が未熟なパーソナリティの事例

教師になるまでのその人の発達課題の達成の度合いが、メンタルヘルスの不安定さ度合いを基礎づける。

教師という職業は何度も言うように社会的良心（超自我）を担っている。ふつうの職業の人なら問題にならない行為であっても、教師であれば問題になる。それだけ行動の自由度が規制されがちな職業である。自由度が限定されると不安は抑制される。規範内で生きようとするならばの話であるが。教師の人格が一般人のそれに比べて硬いと言われるのは、規範内で生きようとする配慮のせいである。しかし、生活の自由度が拡大した現代において、一般の規範は流動的であり、教師も人間らしい柔軟性を持たないと子どもとの関わりが窮屈になる。児童・生徒は昔のような子どもたちではないからである。

教師にとって難しい課題の一つに、保護者との関係を適切に保つことがある。特に新任の教師にとってはそうである。しかしながら、教職に関連するカリキュラムには、児童・生徒に関わる方法や教科教育関連の授業は多いのに、不思議なことに保護者との関わり方を指導するカリキュラムが皆無に等しいのである。戦前は、教職は聖職の一つであり、保護者と教師の学歴差もあって、先生の言うことは「ごもっとも」と教師中心に学校や学級が運営されていたが、戦後は教育の民主化と保護者の学歴の高まりとが相まって、保護者と教師の対等の関係に立つ協力が教育に必須のこととなった。特に、子どもの年齢が低いほどこの傾向が強い。家庭訪問も保護者との懇談もないのは大学ぐらいであろう。近頃はこれらのことを行なっている大学も見られるが。保護者との親密で適切な関係がこれほど求められているにもかかわらず、どのように接し、どのように関係を作るかの指導がなされていないので、保護者との問題が多発するのもうなずけるというものである。

事例5　Bさんは二二歳の新任の女性教師である。Bさんは高校・大学と成績は抜群に優秀で、四〇倍の教員採用試験の難関を突破して小学校の教師になった。希望に燃えて教壇に立ってひと月も立たないうちから焦りだした。子どもたちがBさんの指示に従わないことがときどき起こったからである。Bさんは真面目な硬い女性である。言われたことはしっかりとこなすことができる人である。Bさんは指導書を熟読し、教材研究も熱心にして授業にのぞむが、子どものほうがついてこないことがあった。子どもにすれば、授業は型にはまっていて、自分たちの意見が取り入れられた気がしないと感じることがあったからである。それでも何とか教室をまとめてはいた。しかし、はじめての授業参観日に子どもたちから抵抗され、予定していたようにうまく授業を運べなかった。授業後の保護者との話し合いで、保護者からもうすこし自信を持って毅然たる態度で子どもに接してほしいとの注文を受けた。保護者にすると新任でもあるのでそんなに強く言ったつもりはないのだが、Bさんにはとてもショックに響いた。Bさんの自信はますます喪失していった。それと並行して子どもたちは統制を乱していった。保護者が心配して授業を見に来る回数が増え、Bさんに対する注文や抗議が厳しくなっていった。Bさんはついに保護者と接するのが非常に苦痛になり、それが子どもたちへの接し方にも影響をおよぼし、二学期に入ってまもなく休職するはめになった。休職と同時にカウンセラーのもとへやってきた。

Bさんは三人姉妹の末っ子で、勉強はよくできたがいつも姉の影的存在で、姉の庇護と両親の保護の下に育った。Bさんは子どもは好きだが、保護者と大人としての対応ができなかった。Bさん自身が子ども性から抜け出ていなかったからである。Bさんはこれまではいつも他人の指導の下で課題をこなしていた。大学ではクラブにも入らず、研究室でいつも教授の言うことを聞き、勉強していた。教師になって自分が指導しなければならない立場になったとき、どうしていいかわからなくなったのである。子どもとの対応はそれでも一応こなせたのだが、保護者がそこに入り込むと対応できなかったのである。

Bさんは自分は親離れができていないことがカウンセリングの過程でわかってきた。Bさんは二〇歳を過ぎても親の言うとおりにしていたのである。Bさんは親からの自立を始めた。まず、手はじめに一人で下宿しだした。親もとから通える距離に職場があったので親は反対したが、Bさんは生まれてはじめて親に反抗して一人暮らしを始めたのである。Bさんはアパートでの暮らしで、大人としての近所づきあいを体験した。管理職との関係も子ども的に甘えるのでなく、自立した職業人としての態度がとれだした。一年後に職場復帰したBさんは今では中堅の教師として活躍している。Bさんには休職という浪人生活が必要だった。すべて現役で通し、難関の採用試験も一発で合格したが、人格の形成が大人になるほど成熟していなかったのである。

Ⅳ　時代の変化を感じる必要性

Bさんの場合は新任であり、大人としての未成熟性があったが、ベテランの教師でも、問題が起こったときに保護者との対応をひとつ誤ると大混乱に陥ることがある。特に、近年保護者の中にも子どもや家庭の問題をまったく省みずに相手に責任をすべて押しつけようとする人が目立ってきた。このような人が関係した事件が起こると対応はなかなか難しい。

事例６　Cさんは三五歳の中堅の小学校の教師である。Cさんはこれまで問題を起こすこともなく、保護者からも児童からもふつうの信頼を得ていた。Cさんは筋を通したいところはあったが、特別こだわりがひどいという教師でもなく、ごく一般的なふつうの教師である。四年生を担任していた二学期の中頃、クラスの子どもたち五人が関係する集団万引き事件が発覚した。男子の遊びのリーダーであるX君が配下の子どもたち四人を誘って近くのスーパーで文具と菓子を万引きしたのである。配下の四人の子どもたちとその保護者たちは、スーパーに出かけて謝罪した。ところが、リーダーのX君の両親だけが、

「教師の指導と他の子どもたちが悪いのであって、自分の子どもはむしろ被害者だ」と言い張って、謝罪をしないばかりか教師と他の子どもたちの保護者に謝罪を求めたのである。Cさんと他の保護者たちは頭にきた。他の保護者はX君の両親と険悪な関係になり、関係のない保護者や子どもたちまで巻き込まれていった。Cさんは懸命にX君の両親と話し合ったが、関係はますますこじれた。さらに、X君の両親に対する教師の対応が悪いからだと、Cさんは保護者から孤立するようになり、クラスが混乱の極に達した。

Cさんはカウンセラーのもとへ指導を受けにやってきた。カウンセラーはX君の両親のような人との話し合いの仕方を助言した。Cさんははじめこそ憤懣やるかたないという態度であったが、カウンセラーに話を聞いてもらう過程で落ち着きを取り戻し、カウンセラーのような態度でX君の両親に接する必要があることを理解し、だんだんそれができるようになった。三学期の終わりには保護者の対立はとけない部分を残しながら、組替えをし、新学期になって混乱は収束していった。

保護者には自分の子どもしか見えないところがある。「わが子は良い子」は母性原理(河合隼雄)である。母性原理によって子どもは安心感を得るが、集団に適応するためにはそれをコントロールする父性原理「良い子はわが子」が必要である。子育てには無条件の愛情と悪いことを厳しく叱る態度が必要である。慈母と厳父の両者が必要なのである。両親がいるほうが子育てが容易なのは、二つの矛盾した態度を一人の親ではとりにくいからである。日本文化は母性社会である、と河合隼雄は喝破している。家構造が変化した現代日本において、弱い父親が問題になって久しい。わが国に不登校の発生率がずば抜けて高いのは、わが国の家庭が「弱い父親と強い母親」を基盤としているからではないかとさえ言われている。これは個々の父親・母親の問題ではなくて、その背景になっている母性社会の問題なのである。

Cさんは『母性社会日本の病理』（河合隼雄、中央公論社）を一人で相手にしたようなものである。クラスの対立、保護者の対立が起こったとき、管理職や教育委員会の態度を見ると、とかく問題を教師一人に背負い込ませることが多い。教師をサポートするシステムが全体的に弱い。厳しくしなければならない機関が弱腰なのである。筆者は文部科学省や教育委員会が強権を振るうのがよいと言っているのではない。強権を振るうというのは心理的に見るとその体制が弱いときである。心の強さは強権を振るうことではなくて、「揺るがず、逃げず、小さなことにこだわらず」の父性的態度によって測られる。教師にすべての責任を取らせるのではなく、教師の心をサポートするようなシステムが必要である。サポートによって、教師は自らの責任を果たせるようになる。

V　教師の個性と能力を発揮できる雰囲気とシステムの構築

教師に対するカウンセリングは、スクールカウンセラーが行なおうと、教職員カウンセリングルームでその専門のカウンセラーがあたろうと、問題が起こってからの対策である。問題が起こる前に、教師のメンタルヘルスをはかり、ストレス耐性を高めるためには、予防的観点から考える必要がある。

子どものストレスを解消するいちばんの方法は、子どもの自主性を認め、能力を発揮できるようにすることである。子どもの好きなことを伸ばすことが、何よりも子どものメンタルヘルスによいのである。このことは教師にとっても、いや、すべての人間にとっての真理であるような気がしている。「人間は自分の態勢を維持できることしかしないものである」とのロジャースの言葉はある種の真実を突いている。自分の能力を発揮できる作業に没頭している子どもを見ると、目が輝いている。集中しているので、脇道にそれることがない。

教師のメンタルヘルスをよくするには、教師の個性と能力を発揮できる雰囲気とシステムを構築することである。これを実践するには、管理職の心の柔らかさと教師への信頼感が欠かせない。管理職の役割とスクールカウンセリングに関しては第8章でくわしく述べる。以下には、そこでは述べていない実際の教師の実践をあげたい。

メンタルヘルスのよい学校や教師を見ていると、いろいろなことが見えてくる。その一つは、学校や教師が自己の教育目的を持ち、それを誇りにしていることである。全国制覇できるスポーツ、音楽、美術、書道、演劇、文学などのクラブがあり、それを誇りに思って教育活動をしている学校や担当教師、子どもたちのメンタルヘルスはよいことが多い。受験でさえも、有名校への進学率が高い学校のモラール（士気）は高い。そして、それがその学校や教師、子どもたちにとって揺籃期であるほど、モラールは高いのである。かって高校野球で全国優勝した池田高校の「さわやかイレブン」は、蔦監督の下での厳しい練習にもかかわらず、全員一丸となっての取り組みは、まさに「さわやか」の一語に尽きるものであった。しかし、野球で勝つことが目的に成り下がったときには、しばしば同じ学校から事件が起こったりする。ＮＨＫドラマ「おしん」の時代は、おしんのように学校へ行きたい子どもたちが学校へ行っていたので、子どもたちの勉強意欲は高く、誰も不登校にはならなかったように、である。結果が目的になったとき、それに参加する者たちは結果にとらわれるために、ストレスが増大し、メンタルヘルスは低下する。参加者の対外的なプライドは高まるが、自尊感情は逆に低くなるからである。百数十人の部員を有する有名な野球部では、レギュラーになれない選手のほうが多い。全員野球の「さわやかイレブン」とは、質的に異なる。問題を起こすのは、レギュラーでない自尊感情の低い選手である場合がほとんどである。

外部からの大いなる応援は勇気を与えると同時にストレスになる。結果にこだわらない気心の知れた少数の応援団は、実践者の自尊感情を高め、社会とのつながりを感じさせ、勇気を与え、メンタルヘルスに貢献する。これらのことは、学校で簡単に行なえることである。スクールカウンセラーは学校における活動の応援者である。同じように、保護者や教師が子どもの応援者になり、管理職が教師の応援者になると、学校全体の士気が高まり、メンタルヘルスの向上に貢献する。

ある学校では、美術の先生の陶芸の能力を生かして、陶芸楽しみ教室を開催している。これには子どもたちはもちろんのこと、保護者も教師も参加できる。作品がたまると作品展が開かれる。

いい作品を作ることも大切だが、自分というものが表現できている作品に価値があることを参加者は知っているし、それを楽しめている。木工の技術のある教師は、倉庫にあった使用しなくなった昔の木製の机の天盤や椅子の部品を利用して、長椅子や掲示板、写真立てや額縁を作り、みんなの雑談の場を作ったり、子どもたちや教師の作品をおさめる小道具にしている。花作りが趣味の教師は、自分の子どもたちを休み中に連れてきて学校の草抜きや花壇作りを手伝わせると同時に、プールや校庭で一緒に遊ぶ夏休みを過ごしていた。そのほか、校庭で燻製を作ったり、カウンセリングクラブを主催したり、生徒がしたい活動のクラブを創設している。クラブ活動は強いられるものではなく、したい者やしたいことから生まれるものである。筆者が高校時代に参加していた「地理歴史クラブ」は、有能な地理の先生に見守られたそれであった。スクールカウンセラーとして、生徒たちからクラブに関する文句を聞くたびに、目的と実態とがずれている感じがしている。

もう一つモラールが高い学校やストレスの少ない教師は、仲間を持っている。教師間に遠慮とわだかまりと疎外感が少ないのである。

教師は子どもには仲間作りの重要性を強調する。しかし、自分たちの仲間作りとなるとなかなか思うようにいかないのが現実である。学校には、漱石が「坊ちゃん」で書いたような雰囲気がいまだに残っている。仲間作りには核になる人がいる。学校内、学校間に仲間作りの核になる人物をどのように養成するかが、教師の研修には必要である。研修で仲間作りを講義するのではなく、研修に参加した教師が、それを機会に仲間になることができ、仲間作りの核になるような研修である。強制された研修からは、このような機会は生まれない。お金を払ってでも行きたくなる研修を、教育委員会は作る必要がある。

スクールカウンセラーは、行き詰まったときに教師のメンタルヘルスを支えることは必要である。しかし、それだけにとどまらず、管理職の知恵袋になり、教師との関係を密にして、教師のメンタルヘルスの増進をはかるためのシステム作りや仲間作りの支援者になることも必要である。教師から信頼されないスクールカウンセラーは役に立たない。教師からの信頼を得るためには、教師の話に耳を傾け、専門家としての自信を持ち、自信を持っているがゆえに、管理職・教師・生徒の持つ能力を最大限に引き出せる援助者になることである。

●引用文献・参考文献

河合隼雄『母性社会日本の病理』中央公論社、一九七六
東山紘久他、第11回心理臨床学会自主シンポジウムレジュメ、一九九二
東山紘久・薮添隆一『学校カウンセリングの実際』ミネルヴァ書房、一九九二
東山紘久『教師のメンタルヘルス読本』教育開発研究所、一九九三

第7章　心にアプローチできる教師を育てる

心のケアは何も専門家の専有するところではない。家族や友人、教師や大人が自然にこれを行なえているほうがむしろ自然である。それが難しくなったのが現在である。ここに臨床心理士という心の専門家が学校現場に必要とされる理由がある。スクールカウンセラーは自らカウンセリングを行なうばかりでなく、教員にカウンセリングマインドを体得してもらう役割もある。ここではスクールカウンセラーがスーパーバイザーとして、スクールカウンセラー（教師）を養成したり、カウンセリングマインドを持ってもらう援助の方法を検討する。

I

教師の性質とカウンセリングマインド

いろいろな人にカウンセリング（カウンセリング的人間関係を含めて）を教えていて、いちばん研修の実の上がりにくいのが、教師であった。それと逆にその人の日常の教育活動を拝見していると今さらカウンセリングなどと名を付けて研修しなくても、そのままで生徒との関わりがカウンセリング的だと思われるような先生方がおられた。なぜ、教師の態度にこのような二極化された態度の差が生まれるのであろう。

第一は、教師の専門である教えることと深く関係するようである。教師は教えることが専門であるため、教えられないことをも教えようとする態度が自然に出てくる。しかし、カウンセリングで問題になる行動は教えられないことが大部分を占めている。一般に心が関係した問題行動は、「わかっちゃいるけどやめられない、できない」行動なのである。わかっているから、教えてもむだなのである。いや、むだどころか悪化させることすら多くなる。

簡単な例をあげよう。今あなたが喫煙者だと仮定する。あなたはきっとタバコの害を知っていると思う。最近では他人にまで害をおよぼすことも知っているだろう。ではなぜやめないのか。身体に害があり、他人にまで迷惑をかける行為と知っていてなぜするのか、と問われるとおそらく理屈ではない理屈、いわゆる屁理屈しか言えない。もしあなたが教師で、生徒から教師なのに身体に害があり、他人に迷惑のかかるようなことをしていいのかと言われたら、おそらく一言もないであろう。それなのになぜやめられないかと言うと、喫煙行動は心に関係しているからである。心に関係している問題は、わかっているだけに、教えることで単純には解決しない。このように書くとすぐに反論したくなる人が出てくる。「タバコの害を広く宣伝するようになって、喫煙者は減っているではないですか」と。たしかに減ってはいるが、それは男子に言えることであって、女子の喫煙者は増えている。それに害のあるものの宣伝をなぜ国家が認めているのかも不思議であろう。

アメリカの禁酒法がどのような結果をもたらしたかは、多くの人の知るところである。心が関係している問題は悪であってもすぐには追放できないところがあるのである。すぐに理屈で反論するのではなく、なぜわかっているのにできないのか、やめられないのかを考えるところからカウンセリングは始まる。教師がカウンセラー的になりにくいのは、すぐに理屈を言って教えようとする態度が自然に出てしまい、もう一段深いところの問題を生徒と一緒に考えようとしないところにある。今のあなたがカウンセラー的か、いわゆる教師的かを自己判断する問題をさしあげよう。あなたは「知っていて悪いことをする生徒と知らずに悪いことをしている生徒のどちらをきつく叱りますか?」。「知っていて悪いことをするほうの生徒だ」と答えた方は教師的なのである。知らないで悪いことをする生徒は叱って教えてやればいい。悪いことだとわかればしなくなる。知っていて悪いことをしている生徒は叱ってもむだなのである。教師の前ではしなくなるだろうが、隠れてするようになり、問題を悪化させることもある。先にあげたタバコや禁酒法の例からおわかりだと思う。悪いことだと知っていながらしてしまうのであるから、なぜそうしなければならないのかを一緒に考えなければならない。むろんこれは悪いことを容認するのとは根本的に異なる。心に関係する問題の多くは、頭でその是非がわかっているだけに始末が悪いことにお気づきになっただろう。

教師の多くがカウンセラー的になれないのは、教えようとするだけでなく、この「なぜ」を一緒に考えようとしないで、すぐに生徒に聞いてしまうからである。実は生徒のほうもなぜだかわかってはいない。なぜ害のあるタバコを吸うのかの真の理由が不明なのと同じである。表面的な理由は答えられるが真の理由はわからないのが本当のところである。わからないと言う人に問い詰めて聞くと、相手を怒らせるか失望させるかのどちらかになる。生徒がどこかで失望したり腹を立てているのは、このような教師の態度が原因していることが多い。さらに原因がわかったところで解決しないのも心の問題の持つ特徴である。寂しいから、友達が少ないから、両親が不和だから、とわかっていても差しあたってどうしようもないことが多い。友達を与えることも、両親に仲直りしてもらうことも、それはそれなりの理由や歴史のあることだから、短時間に解決できるものではない。

「それならどうすればよいのか」と、すこしいらだって人に方法を聞こうとする人はカウンセラーにはなれない。この問題を自らのものとして受け止めて考えてほしい。自分がこうだと思う考えを実践する方法を見つけて、それを実践してほしい。そして、結果を見て思わしくないならさらに深く考え、方法を改善してほしい。このように自らを賭けた態度がカウンセラー的なのである。先人が考えたことを参考にするのは大切だが、そのままの真似は、こぶとり爺さんや花咲か爺さんに出てくる隣のお爺さんになる危険性を持つ。

教師は教科書、指導要領、指導案など決められたやり方をうまくやるのに慣れている。これらはわからないことを教えるには効果的であるが、カウンセリングはクライエントとの自己実現や魂の創造への過程を援助する方法なので、真似はどこかで通用しなくなってしまう。カウンセリングにも多くの知識は必要なのだが、知識だけではどうにもならない面を持っている。たとえば、不登校児が多くなり、それにつれて不登校に関する知識が広まった。不登校児に登校刺激を与えてはいけない、というのが常識のようになった。しかし、このような常識が不登校の問題解決を遅らせ、悪化させることもあるのである。登校刺激を与えないというのは正しいのだが、登校刺激とは何かを深く考えずにいると、学校や友達に関心がある不登校児を学校や教師や友人から遠ざけ、孤立させてしまう結果になる。このように述べると登校刺激はやはり必要ではないかと思う短絡的な人がいるので困るのだが、登校刺激と学校や教師や友達との関係がほしいのとは直線的な関係ではないのである。われわれだって友達はほしいが、友達と称してはいるが、本当に友達ではない人との人間関係は煩わしいものである。むしろ赤の他人であるほうがいい場合だってあるではないか。人間の心はそんなに単純ではない。自分のことだとよくわかるのだが、他人のこととなると理屈で対処しようとするのが人間である。教師は生徒と関わらなくてはいけないし、悪いことを改めるように指導しなくてはいけないと思っているので、このような態度が特に強くなってしまう。カウンセリングでは、教師自身の態度の変容がまず要求される。

最初に、カウンセリングをいちばん教えにくいのが教師であり、教えなくてもカウンセラー的なのも教師であると述べた。『窓際のトットちゃん』に出てくる校長先生などはさしずめカウンセラーとしても一級の人である。そして、このような先生は現場ではたくさん見受けられる。

筆者の研究テーマの一つに授業研究があった。これは来談者中心療法の創始者であるロジャース博士が提案し、実践されていた生徒中心授業の研究から出発したもので、授業そのものが人格の変容と教育を効果的にするための研究であった。研究のため有名な授業を行なう先生があると聞くと、行って見せてもらった。多くの授業を見せていただく中で感じたことは、授業のうまさもさることながら、先生方一人ひとりが持っておられる人間性の豊かさであった。それらを総合して抽象化すると、①子どもたちから好かれている、②保護者・同僚から信頼されている、③好奇心に富み授業がうまい、である。筆者の友人や先生の中に、今は名の知れたカウンセラーだが、昔は（今も）中学や高校の教師だった人がたくさんいる。教師は毎日生徒と接している。教育の根幹は教師・生徒の人間関係にあることは、教師なら誰でも知っていることである。人間関係のよりよいあり方を追求し、実践し、自分自身にフィードバックしていると、自然にカウンセラー的な態度は身につくはずである。むろんこれは理屈上のことであり、実際はそうはできない。人間関係の改善は自分の人格の変容を抜きには考えられないからである。自分自身の人格変容には、自分自身の人間修行がいる。プロのカウンセラーは、その過程で教育カウンセリングや教育分析を受けることが必須の課題とされている。しかもこれは一度受ければよいというのではなく、自分の人生や仕事の節目で、壁にぶつかるたびに要求される。教科教育のみを教育としているときはある意味では自分の人格をそんなに問題にしなくてもよいが、生徒との人間関係の改善を望むなら、そこに自分自身の人格のありようを問題にしなければならなくなる。優れた教師で自然にカウンセラー的な態度が身についた教師はどこかで自分の人間の課題を乗り越えられたのであろう。学校カウンセリングのカウンセラーを目指す教師は、カウンセリングの知的な勉強や技術的な勉強をおおいにしてもらうと同時に、人間の修行をしてもらいたい。

カウンセリングマインドとは、簡単に言ってしまえば「思いやり」である。思いやりは簡単そうで簡単ではない。しかし、特別なことでもない。日常活動、行動のすべてが「思いやり」の修行である。スクールカウンセラーは日頃接している生徒を対象にする。生徒は毎日カウンセラーである教師を見ている。カウンセラーと教師の役割はすこし違うので、役割の差による態度差はあるが、日頃の人間としての基本的態度とカウンセリングルームでの態度が違えば、生徒は教師を信用しなくなる。カウンセラーは聖人君子ではない。人間的である。豊かな人間である。身近な人から好かれる人がカウンセラーとして大切な要件である。

II　学校カウンセリングのシステマティック・アプローチ

担任がクラスの子どもにカウンセリングをすることができるのかとか、教えることとカウンセリングが両立するのか、などの問いが教師から発せられることがある。たしかに、カウンセリングは心の問題を扱うから、非日常の世界との関わりが必要である。同時に、非日常の世界は確かな日常の世界があってはじめて深めることのできる領域でもある。学校カウンセラーは日常活動が大切であることをすでに述べたが、ここで再度日常性と非日常性について考えてみよう。

学校にカウンセリングが導入される前に、学校には学校の生徒指導のシステムがあった。カウンセリングを職業とする人は医療のシステムとの関わりはあったが、教育や学校のシステムとはあまり関わりなくカウンセリング（心理療法）を行なってきた。カウンセリングにはカウンセリングのシステムがあり、学校には学校のシステムがある。生徒に心理的な問題が生じたとき、カウンセリングシステムでは、本人や保護者の自発的な来談を待って、専門機関のオフィスで、治療契約（料金、場所、時間などの契約）に基づいてカウンセリングが行なわれる。学校システムでは、クラス担任がまず学年会や管理職、職員会議や生徒相談や指導の校務分掌に相談のうえで家庭訪問をし、保護者や本人と面接する。生徒や保護者は常に学校のシステムや学校自体を意識しなければならない。それだけ非日常の世界に入りにくいし、心の問題が日常の問題（成績、登校、規律）に置き換えられてしまうことが起こる。当然本人は、自分が理解されない不満を持つ。しかし、逆にカウンセリングシステムになると、本人の現実と離れてしまうことや学校側が専門家に任せてしまい、いつまでたっても学校側が心の問題に対するアプローチの仕方を未成熟のまま放置してしまうことになる。カウンセリングシステムと学校システムには、そのほかにも秘密の問題やグループで支えること、現実適応の問題などで二律背反のところがある。学校にカウンセリングを導入するには、カウンセリングシステムによるカウンセリングではなく、学校システムにカウンセリングの意義を組み込む必要がある。学校カウンセリングは学校カウンセリングとしての独自のシステムを学校システムの枠組みの中で今までの知識の積み重ねをもとに、構築することが大切である。

　筆者は藪添隆一と和歌山県で学校カウンセリングのシステマティック・アプローチとして、一つの学校カウンセリングの枠組みを考え実践してきた。この方法は、従来の学校システムを生かしながら、カウンセリングを学んだり実践するときにいちばん重要になるスーパービジョンのシステムを、カウンセリングシステムから取り入れた方法である。これは、生徒や保護者にアプローチする効果的な方法を学校で作り上げ、学校が主体となって問題にアプローチする方法である。そして、それを作り上げる段階から教育相談主事がスーパーバイザーとして加わる。生徒や保護者にあたるのはその学校の教師であるが、必ずしも担任ではなく、副担任や同学年の先生や養護教諭が担当することも多い。担当者の教師は定期的にスーパーバイザーのところへ出かけてスーパービジョンを受ける。さらに、スーパーバイザー自身も自分のスーパーバイザーのところへ行って、たえずスーパービジョンやカウンセリングの研鑽に努めるのである。具体的には図❶のように、学校で問題の生徒が出てきたときに、校長を通じて教育委員会に組織されている教育相談センター（相談主事）へ相談を申し込む。相談主事は学校組織とカウンセリングに習熟した人で、スーパーバイザーでもある。問題生徒に関係のある教師集団（管理職を含めて）に集まってもらい、相談主事であるスーパーバイザー(B)に問題解決にはどのような方法でアプローチするのがいいか、学校カウンセラーグループ（実動部隊）をどうするかの方針をたてる。臨床活動はほとんどすべて学校カウンセラーグループが行なう。管理職は学校の方針を職員会議に諮り、教師集団の意志統一をしておく。以後定期的に、学校カウンセラーグループがスーパーバイザー(B)のところへスーパービジョンに通う。スーパーバイザー(B)も定期的研修のため、教育委員会と契約が結ばれているスーパーバイザー(A)のもとに通う。このシステムによって問題が早期に発見され、早期に適切な対策とカウンセリングや心理療法が行なわれるようになっている。そして、システマティック・アプローチの効果は、心理的に問題のある生徒のみならず、他の生徒や教師、学校自体にまでおよんでいる。また、学校にカウンセリングのできる教師が数多く生まれ、他の教師にカウンセリングの効果をアピールする自然の機会を提供している。しかし、このシステムを真に生かすためには、スーパーバイザーの養成が必要不可欠である。カウンセリングは理論の優劣よりもカウンセラーの優劣にその効果が関係している。そしてスーパーバイザー(A)も(B)もともに学校のシステムや教育界の性格に精通していることが必要になる。

　学校カウンセラーや学校カウンセリングのシステマティック・アプローチに必要なスーパーバイザーの養成については、大学院設置基準法14条を適用し、現職教員のままで大学院で学ぶ機会を提供し、教師であり臨床心理士であるような専門家教師を養成することもあろうし、カウンセラーの専門家集団が学校システムに則って学校訪問をし、学校自体がその構成員の心の問題の解決を図るなど、カウンセリングシステムと学校システムの統合をどちらサイドからでもよいが、計ることが大切なような気がする。そして、このことはスクールカウンセラーが派遣されるようになって、スクールカウンセラーがスーパーバイザー(B)となり、実施されてきている。

図❶

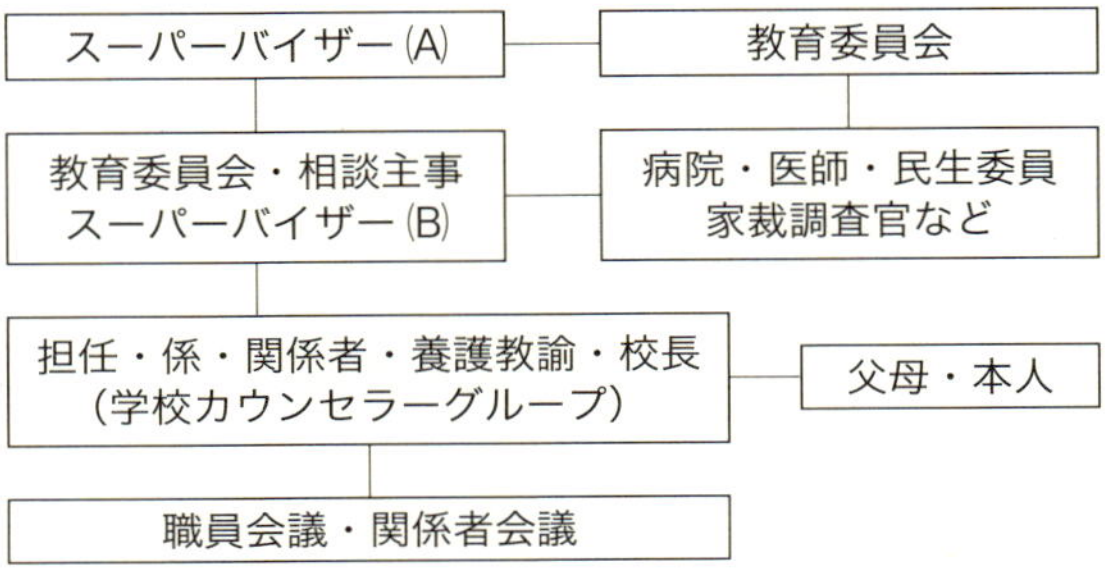

Ⅲ　心が理解できる教師の訓練

学校カウンセリングの必要性が叫ばれ、教師はカウンセリングマインドを持たねばならないとの号令の下に、教師に対するカウンセリングの講習会は今や花盛りである。しかし、これまで行なわれていた教師に対するカウンセリング研修会の中身を見てみると、それこそ貧困の一語に尽きるようにさえ思われる。教育実習ですら最低二週間ある。教育大学では基本の教育実習に五週間をあてているところも少なくない。これだけあったとしても、それで教師にすぐになれるとは考えられない。カウンセリングはある意味で、教育より専門性を必要とする面を持っている。カウンセリングの講習会の中心は講義である。講義はむろん必要である。しかし、カウンセリングは実技ができてはじめて役に立つ。水泳の講習で講義だけでは、それこそ畳の上の水泳になってしまうだろう。講義だけで泳げるようになるとは誰も考えない。ある年代になってからカナヅチの人を泳げるようにするにはかなりの練習を必要とする。こんなことはカウンセリングを教えようとする人には自明であるが、しかし、実際は講義だけかあってもわずかの実習（ロールプレイや感受性訓練など）でお茶をにごしている。教師にカウンセリングの有用性をＰＲして、実際のカウンセリングは専門のカウンセラーに任せるならこれでもよいが、教育委員会や文部科学省が意図していているカウンセリング講習会は、教師にもカウンセリングが、少なくともカウンセリングマインドを持つことができるようにしようとしているように思われる。もし、実際にカウンセラーとして役立つようなカウンセリング訓練を行なおうとするならば、それこそ大学院教育などの専門教育が欠かせない。しかし、今の教育委員会のシステムや財政力ではこのようなことは絵に描いた餅である。

前節でふれたように、学校カウンセラーの訓練や養成は、専門のカウンセラー養成のごく一部だけを見本のように見せるのではなくて、学校システムに合うカウンセラーの養成システムを考えなければならない。学校カウンセリングのシステマティック・アプローチをより円滑に、より高度に発揮するために、学校カウンセラーの養成にもそれにあったシステマティックな養成を考えなければならないと筆者は考えている。今、筆者らが実施している学校カウンセラーの養成のプログラムの一部を具体的に示そう。

学校カウンセリングのシステマティック・アプローチの特色は、あくまでカウンセリングの主体は教師によるカウンセラーグループである点と、それを支えていくスーパービジョンシステムである。だから、訓練もグループとスーパーバイザーによって、現場と遊離しない、まさに現場で今起こっており、今解決の糸口を見つけるための助けになる方法で訓練が行なわれる。一回の訓練は宿泊により三泊四日がふつうである。一度に訓練できる教師の人数は三〇人から四〇人ぐらいである。これは個別グループの数だけスーパーバイザーの人数が必要であるのと、個別グループを全体で実施するので、全体会でのより高度なスーパービジョンを有効に実施できる最大人数である。スーパーバイザーは教師であって、臨床心理士の資格を持っている人と開業の専門の臨床心理士やそれらの専門家をスーパーバイズできるスーパーバイザーからなる。ここからおわかりだと思うが、この研修は教師にとっての研修であるばかりでなく、スーパーバイザーにとってもさらに上級のスーパーバイザーのスーパービジョンを受ける機会にもなっている。

研修はすべて大広間で参加者が一堂に会して行なわれる。研修に参加した教師を男女がグループに均等になるように五人から六人の小グループに分ける。グループ分けのために相互の直感を働かせるような感受性訓練をともなうプログラムが組まれている。グループ分けができると、各グループで今学校で起こっていて、しかも自分が関わっているか関わらざるを得ないような問題を、相互に話しながらあげていってもらう。このときにグループごとに司会者と記録者を決めておいてもらう。二時間ぐらいグループで話し合いをした後に、どのような問題が各グループで持ちあがったかを全体会で報告してもらう。このときは、いちばん上級のスーパーバイザーが司会の役割をとる。広間の壁一面に模造紙が張ってある。グループで取り上げられた問題が、司会者によって模造紙に整理されて書き込まれていく。全グループの報告が終わると、司会者であるスーパーバイザーは、全体の問題の中から今学校で対処の難しい問題をバランスよく各グループ一つずつ取り出す。各グループは自分たちが今まで話し合ってきた問題の中から、さらにくわしく解決の方向性をつかめるようになるまで深めなければならない課題が与えられたことになる。

各グループの問題にふさわしいスーパーバイザーがそれぞれのグループに配当される。グループメンバーは、これ以後問題解決に向かって専任のスーパーバイザーを持つことになる。グループにまず相談申込用紙（インテーク用紙、受理面接用紙、図❷152頁〜153頁）が配られる。それにケースの概要をグループメンバーみんなで作っていく。これは一種のシミュレーションゲームである。たとえば、あるグループで今いちばん問題になっていたのが、中学二年生の男子A君の不登校だとしよう。実際のA君のデータをそのまま持ってきてもよいし、変えてもよい。実際にやってみるとわかるが、担任であってもA君について細かいデータは案外不明な部分が多いものである。まずA君の家族構成から作りはじめる。A君の両親の年齢や学歴、職業、A君を出産したときの両親の年齢や性格、ときには両親の結婚の経緯や同居している祖父母の性格や同居の経緯などもインテーク用紙の記載事項に従って埋めていく。この作業は家族や一人の人間の背景、成育歴は固定したものではなく、一つ変えるとすべてに影響を与える、いわゆる有機体の性質そのものだと理解するための学習になる。たとえばメンバーの一人が自分の偏見からデータを作成しようとしたら、必ずどこかでデータ間に矛盾を起こす。不完全な構成は全体像を不明確にする。A君の成育歴や問題歴、今までの指導方法や問題点まで、一応のA君のデータが出揃うと次の段階に進む。二時間ぐらいで各グループともそのグループのクライエントのデータが出揃うようである。ここからは全体で行なう。第一グループの成り行きと指導を他のグループは見学するのである。

第一グループを先のA君の問題を取り上げたグループとしよう。A君の問題解決に必要なアプローチは何かについて、全体グループの前で第一グループのメンバーが話し合う。まず、家庭訪問が必要ということになったとしよう。ここで誰が家庭訪問をするのか、そのとき家には誰がい

●家族歴（家族または親戚中に次に該当する人があったら○をつけ、その下の空欄に本人との関係を記入して下さい。）

⦿精神分裂病、そううつ病、神経症、人格障害、自殺、自殺未遂、てんかん、不眠、アレルギー、喘息、チック

⦿吃音、夜尿、偏食、血族結婚、知的障害、視覚障害、聴覚障害、身体障害、流産、自閉症、早死

●生育歴

• 妊娠中の母体異常、胎児の発育異常、その他心配事などの有無を書いて下さい。

• 出産時　両親年令（父　　才）（母　　才）：在胎（　　カ月）〔熟産・早産・月遅れ〕

状況（軽かった・普通・難産・逆子・仮死）　体重（　　g）〔標準 3000 g〕

• 乳幼児期

発育は（早い・普通・遅れている）と思った		初めてわらったのは	カ月頃
栄　養（母乳混合・人工・母乳）		ひとみしりをしたのは	カ月頃
離乳開始（　　カ月）終了（　　カ月）		ものをいいはじめたのは　才	カ月頃
くびのすわり	カ月	おむつをやめてしまったのは　才	カ月頃
歯のはえはじめ	カ月	お箸を使って一人で食べたのは	才頃
はいはじめ	カ月	一人で着物を全部着るようになったのは	才頃
歩きはじめ	カ月	ちえづきは（早い・普通・遅い）と思った	

• 学童期以後　発育は（早い・普通・遅い）と思った

次のようなことを経験された場合、それに○印をつけて下さい。

けいれん（ひきつけ）

夜泣き、眠らない、寝とぼける

夜尿、失禁（しくじり）

偏食、食欲異常、異食

左利き

どもり

自　慰

指なめ、爪かみ

チック

友達がない

その他

• 今までにかかった重い病気（病名とかかったときの年令、その程度を書いて下さい）

㊙　　相談申込票

これは御相談に応ずる場合に、重要な資料となります。内容はすべて秘密を守りますから、あるがままに正しくお書き下さい。わからない点は係の者にお尋ね下さい。

●本人氏名《ふりがな》　　　　（男・女）
●記入年月日：　　年　　月　　日
●生年月日：　　年　　月　　日
●満年令：　　年　カ月
•本人の職業・勤先（　　　　）
●住　所

電話　（　　　）　　自宅・勤先・呼出（　　）

●学校名　　未・園・校　　年　　担任名　　（男・女）

●保護者名（父）　　（母）

記入者名　　本人との関係（続柄）

●相談したいこと

⦿今までに相談室へおいでになったことがありますか。

ない　　　ある（　　年　　月頃）

⦿この問題について、他の相談所または病院で相談なさったことがあれば書いて下さい。

＿＿＿＿＿＿病院・相談所　＿＿＿＿＿＿先生

●家族構成（父母、兄弟姉妹（死亡者も含む）同居人など。およびこれまで本人と同居したことがあり、また、生活を一緒にしなくても本人と重要な関係のある人を記入する）

	続柄	氏　名	年令	最終学校名	職　業	性　格	健康(生死の別)
同居している人	父						
	母						
関係のある人							

図❷　相談申込用紙

るのか、前もって電話をしたり、母親と予備の話し合いをするのか、などが話し合われる。そして、A君、母親、担任（訪問者）の役割がメンバーによって決められる。ここからはロールプレイがシミュレーションゲームの要領で行なわれる。グループスーパーバイザーはこのロールプレイにいつでも参加してよいし、グループメンバーもいつでもスーパーバイザーの援助を求めることができる。そして、観察者グループや演じているグループの総合的司会と介入を上級の全体スーパーバイザーが行なう。

家庭訪問がうまくいけばそれでよいが、グループで取り上げられている問題の多くはそんなに単純にうまくいくようなものは少ない。家庭訪問一つを取り上げても、子どもが会ってくれない場合や、両親が不在で話のわからない祖母がいる場合だってある。おもしろいことに、教師が取り上げてほしい問題は、日頃自分たちではどうしようもなく困り果てたものが多い。家庭訪問は従来の学校システムでは子どもの問題解決をはかるために第一に行なわれていることである。それなのに実際にやってみると、何の目的に、誰のために、そしてその目的を達成可能ならしめる方法やコミュニケーションなど家庭訪問にまつわる理論や目的、方法が意外なほど不明確かつ稚拙であることがわかる。カウンセリングはカウンセラーとクライエントとの心のコミュニケーションによって成り立つので、カウンセリングの技術や方法にはコミュニケーションの技術が集積されている。さらにカウンセリングには、見立てが必要であるため、問題の焦点を見つめる大局観を持つ技術が蓄積されている。スーパーバイザーはメンバーに関わりのポイントや方法について援助する。すると問題のアプローチの仕方が立体的、総合的、有機的になる。そして、こちらの効果のほうがむしろ大きいかもしれないのだが、A君や母親の役割をとった教師は、日頃の自分の態度が子どもや親にとってどのように映っているか、どのような教師の言葉に傷つくのか、逆に勇気を与えられるのかがわかる。教師の努力を超えているような問題のあることもわかる。この場合でも、教師はその限界一杯までできる仕事が明確になる。

問題の本質を逸脱したところで解決を図ろうとするグループもときには生じる。このような場合、見学しているメンバーやグループに不満や物足りなさが生まれる。全体スーパーバイザーは全体の雰囲気からそれを察知し、他のグループの人の意見をフィードバックしてもらったり、当該グループに直接介入したりする。全体スーパーバイザーの介入は個別グループスーパーバイザーの未熟な領域だったり、不得意な場面だったりすることが多い。全体スーパーバイザーの介入によって、より本質的なところでの問題解決がなされたり、その方向性が示される。これが個別グループスーパーバイザーにとってのスーパービジョンなのである。また、当該グループの問題の深め方は、見学グループにとって自分たちの問題のとらえ方の再考を促す。一つのグループの課題が終了して休憩に入っても、これから課題に取り組むグループは休憩もとらずに、インテーク用紙を囲んで話し合っている光景がよく見られた。

心理臨床家の特徴は、現実的な問題の把握と解決の方向を常に考えているところである。第五章でもすこし述べたが、三者懇談に親子逆転の役割をとるロールプレイをしたことがあった。親子一緒のグループで親子に分かれて、それぞれが日頃問題に思っている相手の態度を列挙してもらった。子どもからは口うるさくわかっていることを言う、小遣いが少ない、弟をひいきするなどがあり、親のほうからも何度言っても聞かない、兄弟喧嘩ばかりする、朝起きにくいなどグループの仕切りを越えようとするほど勢いよく飛び出す。頃合いを見計らって、母親が子どもに、子どもが母親になって、問題場面を演じてもらうと、グループ全体が笑いの渦に巻き込まれるほど、お互いをよく見ていることがわかった。そして、笑いのあとに相手が何を感じ、何が伝わっていないかが親子ともどもわかったようである。このようなグループを、ときには教師と生徒でやったりもした。このようなグループをするときにいちばんの隘路は、個人の持つ強い防衛反応と攻撃性である。スーパーバイザーは個人の防衛を崩す方向ではなしに、その人が防衛しなくてもすむような理解と雰囲気を作ることが大切になる。そして、このことはまさにカウンセラーのクライエントに対するときの基本的態度なのである。学校カウンセラーの訓練はカウンセリングの基本的態度を学校システムを生かして学べるようにすることが大切である。

ここでは一例を述べたにすぎない。みなさんの工夫によってより有効な訓練の方法と体制をもたらしていただきたい。

Ⅳ　母親ノート法の活用——教師ノート法への汎用——

子どもに問題が生じると親が問題にされる。問題にされなくても親自身がそのことで悩む。子どもの心理療法や遊戯療法では親のカウンセリングが並行して行なわれることが多いのは、子どもは親と一緒に住んでいるため親の行動や心理が現実的に影響力が大きいためである。学校では先にも述べたように、子どもに問題が生じ、親が呼び出されたり、家庭訪問がなされるときに、親の責任をどこかで追求していることがある。これでは親はたまったものではなく、親の協力が得られないだけでなく、子どもにさらに圧力がかかる。親の子ども理解を高め、学校と共同で子どもの問題行動を改善するためには、親のカウンセリングが必要とされる。

ここで問題なのは、子どもに問題があるからと言って、それが親の問題に直接結びつかないことと、子どもの問題解決に対してはモチベーションがあっても、親自身の問題改善まではモチベーションがないことである。親自身の問題には直接ふれず、子どもの問題解決や子ども理解をどうすれば図れるかを考えたところから、母親ノート法という方法が生まれた。母親ノート法はもともと登校拒否児の心理療法のために考えられたものである。なぜかと言うと登校拒否児はカウンセラーや教師を拒否して、カウンセリングを受けに来られないことが多いからである。親のカウンセリングを単独でやっていて、親カウンセリングと親自身のカウンセリングの違いが感じられた。親の人格変容を目的とする親自身のカウンセリングより、子ども理解を援助する親カウンセリングのほうが、親自身の心理的負担が少なく、しかも子どもの立ち直りが一般的には早いのである。親自身がよほどの心理的葛藤とコンプレックスを持ち、子どもの問題どころではない人はともかく、子どもに問題が起こっても親自身は正常範囲であることが多い。親に問題があると言われるより、親のやり方に問題があると言われるほうが、親は受け入れやすい。さらに、その問題が具体的に示され、改善する方法が明示され、改善しようと思えばできることならば、ほとんどの親は子どものために改善することにやぶさかではない。

母親ノート法とは、子どもとの会話をノートにつけて、それに基づいて親子関係の持ち方を調整しようとするものである。

カウンセラーがクライエントにとっている基本的な応対はアクティブリスニングである。他人のことをわかるためには、その人が語りたいだけ語りたいように語れるようにすることである。そのためにはこちらは聞かねばならない。相手主導で話をしてもらい、相手が伝えたいことを聞くと相手がわかる。これは親子であっても、生徒・教師間でも、一般の人間関係でも変わらない。しかし、対等の関係に置かれているよりも、親子や教師—生徒や上司—部下などの上下関係（指導者—被指導者）がある人間関係で、被指導者主導の会話をすることは難しい。指導者側の〝指導しなければ〟という態度や心がそれを難しくするのである。

被指導者は指導者が自分中心の聞き方をしてくれると心を開いてくれる。相手が自分中心であるかどうかは直観的にわかるようである。母親ノート法は会話を書いてきてもらう方法をとっている。会話がいちばんその場の親子関係の現実の状況を示している。会話ほどいきいきとその場を映し出しているものがほかにはないからである。

母親ノート法をしてみると、親がいかに子どもの言うことを聞いていないかがわかる。それを指導することは親自身のカウンセリングより易しい。なぜならば、焦点が絞れているからである。母親ノート法を指導している教師をスーパーバイズすることによって、教師自身の態度も相手中心になる。相手中心でなければ、相手中心になるような指導ができないからである。優しくなるように指導できる人は優しい人でなければならない。相手は本人の態度を見て学ぶからである。

母親ノート法の基本的態度は人間関係を深め円滑にする態度である。カウンセラーの基本的態度と同種のものである。母親ノート法を指導することによって、教師はカウンセラーの基本的態度を学び、親は子育ての基本的態度を学ぶ。子育ての基本的態度は子ども中心の見守りと援助である。ロジャースはカウンセラーの基本的態度を授業に応用した生徒中心授業を発展させたが、しつけも子育ても相手中心で相手の気持ちを尊重しないと成り立たないからである。カウンセラーの態度が学校ではときに甘やかしと受け取られることがあるが、これはカウンセラーの中に心と態度の矛盾があり、周囲の教師が自分のエネルギーや愛のなさや枠組みの硬さを相手に投影しているときである。

人間は好きな人の言うことはよく聞くものである。嫌いな人の言うことを聞くのは権力を行使されたときである。権力に屈して言うことを聞いても、心が納得したのではない。だから、権力が去ると元の木阿弥になってしまう。親子関係は権力関係ではない。愛の関係である。教師—生徒関係もそうであることを願いたいものである。そこで、教師が苦手としたり問題があると思う児童・生徒との会話を、できるだけノートに書いてもらう。教師は子どもの記録をつけることには慣れているが、会話を記録するのは慣れてはいない。記録は主観や先入観が入りやすいが、会話はそれが入りにくい。ノート法はカウンセラーの応答訓練法の一種なのである。これを教師が実施し、スクールカウンセラーが点検することによって、子どもへの理解が深まり、心にアプローチできる教師に成長できるのである。

V まとめ

カウンセリングは習得するのが難しい領域に属す技法・療法である。それは膨大な人間に関する知識、クライエントと心の対話を行なうためのコミュニケーション技術、非言語的・非現実的表現を理解できる感性、自分自身であり得る人格などが必要とされるからである。カウンセリングではこれらをできるだけ容易にしかも危険を少なくするための用意を長い時間をかけて行なってきた。しかし、学校カウンセリングは現実の世界に接したところでカウンセリングを行なうため、カウンセラーやクライエントを守り、カウンセリングの過程を促進する枠組みが、専門家が行なうようには形成されていない。そのため学校カウンセリングは学校カウンセリングのための枠組みを作る必要がある。これはそれぞれの学校カウンセラーや学校の構成員、教育委員会や心理臨床の専門家がそれぞれの特質と知識や技能を動員して、地域に根ざしたものとして作らねばならない。

教育界だけでなく、日本は新しいものに飛びつく傾向がある。コマーシャルに「新発売」の文字がこんなに多いのも日本だけではないかと思われるくらいである。教育界には今まで「○○方式」というような技法が、ブームになっては廃れていった歴史がある。カウンセリングは単なる技法ではない。カウンセリングは息の長いアプローチである。息の長さを修業年限の決まっている学校にどのように取り入れるかも、学校カウンセリングの今後の重要な課題である。そして、スクールカウンセラーが学校に派遣された今、教師がカウンセリングマインドを体験する機会の増えることが期待される。

●引用文献・参考文献

ロージァズ、C・R（畠瀬稔編訳）『カウンリングと教育』岩崎学術出版社、一九六七
ミード・M（畑中幸子他訳）『サモアの思春期』蒼樹書房、一九七六

河合隼雄他編『親と子の絆』創元社、一九八四
黒柳徹子『窓ぎわのトットちゃん』講談社、一九八一
東山紘久「学校カウンセリングの諸問題」氏原寛他編『臨床教育心理学』創元社、一九八三
東山紘久『母親と教師がなおす登校拒否――母親ノート法のすすめ』創元社、一九八四
弘田洋二「教育とカウンセリング」丹下庄一編『カウンセリングと家庭教育』創元社、一九八六
大阪市教育委員会編『「登校拒否」問題を考える』一九八九
東山紘久「学校現場における心理臨床活動」『教育と心理臨床』臨床心理学体系14巻、金子書房、一九九〇
東山紘久「学校カウンセリングの諸問題」『発達』ミネルヴァ書房、一九九〇
東山紘久・薮添隆一『学校カウンセリングの実際』創元社、一九九二
東山紘久・東山弘子『子育て』創元社、一九九二
氏原寛・東山紘久『カウンセリング初歩』ミネルヴァ書房、一九九二

第8章　管理職とスクールカウンセラー

I　はじめに

文部科学省が平成七年度から公立の小・中・高等学校を対象として「スクールカウンセラー活用調査研究委託」事業を開始した。スクールカウンセラーとして、財団法人日本臨床心理士資格認定協会認定臨床心理士が主として派遣されている。この事業は児童・生徒の心の問題の多発という風を受けて、予算的にはそれ以後毎年倍増・三倍増と拡大の一途をたどってきた。

ある種のブームとも言えるスクールカウンセリングは、今回がはじめてではない。ロジャースの来談者中心療法が日本に入ってきた四十数年前、それまで規律の徹底と懲罰、指導と説得を主とした方法をとっていた学校の生徒指導の中に、カウンセリング的手法が取り入れられた。教師を対象とするカウンセリングワークショップや講演会・研修会が各地で開かれた。このときが学校カウンセリングブームの第一期と言えよう。しかし、当時は今と比べて、指導者自身のカウンセリング理解や技術が未熟なせいもあって、それ以後ほそぼそとカウンセリングを学校で続けた少数の教師を除いて、やがてカウンセリングブームは廃れていった。校内暴力が荒れ狂ったときも、カウンセリングをする教師よりも、体育会系の睨みのきく教師のほうが多く採用されたのも事実である。

ところが、不登校の児童・生徒の多発は、従来の学校的手法ではその問題が解決されず、心理療法的手法が再び見いだされてきた。この間、日本的ロジャース理解に飽き足らなかった第一次世代の指導的地位にあった心理療法家が、次々と外国で心理療法・カウンセリング・精神分析を学んでこられた。それらの人々の指導の下に、第一次ブームのときとは比較にならないほど質・量ともに優れた心理療法家が輩出されてきた。この傾向は、臨床心理士の資格化の動きとなり、財団法人日本臨床心理士資格認定協会が文部省（現・文部科学省）の認可のもとに設立されたことによって加速された。認定臨床心理士のスクールカウンセラー派遣が拡大するにつれて、スクールカウンセリングを心理療法の一つの領域として理論化し、独自の技法を開発しようとする動きも活発化してきた。これは、スクールカウンセリングには学校社会や教育システムの理解が必要であるばかりでなく、治療契約や守秘義務の面でも、従来の心理療法の枠組みとは異なっていて、個人の心理療法を主な仕事にしてきた臨床心理士の考え方では対応に限界があったり、問題があるのではないか、という疑問があるからである。実際に、学校現場からの大きな批判の一つに、臨床心理士は学校現場を知らない、がある。一方、質の高い臨床心理士は、スクールカウンセラーとして十分機能しているのも事実である。スクールカウンセラーとして、学校側から問題が指摘されるカウンセラーは、心理療法家としての質が低いという指摘もある。これらの指摘はどちらも当たっていると言える。そして、学校を形成している児童・生徒、教師、管理職、保護者、事務職員やその他のスタッフの誰かと、コミュニケーションに問題があったり、希薄だったりするスクールカウンセラーに、問題が多いことも事実である。スクールカウンセラーが学校教育の中に定着するにつれて、学校側から来てほしいカウンセラーとそうでないカウンセラーの選別・二極化が起こり、教育委員会もその要求に応えはじめている。また、大きな問題が生じる学校は、管理職と教師、保護者と学校、地域社会と家庭などに集団としての問題がある場合、またそれらに生じている問題を解決できる自浄作用に欠陥がある場合が多い。

この章では、校長として赴任し、実際はスクールカウンセラー機能をとっていた筆者の体験をもとにして、スクールカウンセリングを考えてみることにする。

II 校長の基本的役割——管理職とは何か——

一〇年前、筆者はP大学附属養護学校の校長に任命（併任）された。附属学校長の任命権者は学長（形式的には文部科学大臣）であるが、P大学の附属養護学校長は障害児教育教室の教授で、教員免許を持っている者の中から選任される従来からの傾向があった。内示があったとき、筆者は学長に会いに行った。自分自身の性格が管理職に向くとは思わなかったからである。学長にその旨を話したとき、学長は「自分もそう思う。しかし、自分自身では任に向くと思っている人で、実際はそうでない人よりも、いいと思うよ」と言わた。「病識」があるからとそのまま任命されたのである。

赴任してすぐに気がついた。それは、「管理職とは、職員や児童・生徒を管理することではなくて、成員の自己管理（セルフコントロール）を促進する職務である」ことであった。そして、これはカウンセラーの役割の大きな部分とも相似している。ロジャースが個人のカウンセリングから、学校改革、社会改革、そしてエンカウンター・グループへと実践を拡大していった、理論的背景とその基本が浮かんできた。ファシリテーター役なら自分でも務まるのではないか。今までの心理療法の知識と実践を、現実場面に適用する絶好の場ではないか、と思えてきた。「学者の言うことは、現場では役に立たない」と言われているが、「心理臨床家はそうではないのだ」ということを、それこそ現場で実践・検証しようと思えてきて、当初は気乗りしなかった校長職に対して、不思議なエネルギーが湧いてきた。

ロジャースのカウンセラーの三条件に模して、校長の三条件を立ててみた。①オープンであること、②成員と組織を信頼すること。具体的には、「ノー（NO）」を言わないこと、③外部の圧力を調整し（変圧器になり）、内部組織と外部組織の調和を図ること、である。そして、三条件の基底には、臨床心理士としての、専門的心理解とコミュニケーションの技術がある。

それでは次に、これらの実践を検討することにしよう。

Ⅲ　オープンであること

カウンセラーがオープンであることは、大切な要件の一つである。そして、オープンであることの基底には、「純粋性」がある。カウンセラー倫理のもっとも大切な要件に、守秘義務があるが、組織となると守秘とオープンさとは二律背反となることがしばしば起こる。クライエントが、カウンセラーの受け入れがたいことをするときに、「受容」と「純粋性」の間にも、このことはしばしば起こる。ロジャースの三条件のうち、「共感的理解」と「受容」は、矛盾しないで行なわれるが、これらの条件と「純粋性」とは、しばしば二律背反の原理であるので、実践する場合に困難が生じる。すなわち、「受容」すると「純粋」でなくなることが生じるのである。二律背反の原理は、質を高めることによってしか止揚されない。カウンセラーにとってこれは難しいことである。なぜなら、自己のパーソナリティの質を高めることは容易なことではないからである。

学校崩壊が起こっていたある中学校で、校長を代えておさまった事例を聞いたことがある。新しい校長が赴任した最初の日、校長が門から入り、校舎の側を通って校長室へ行こうとしたとき、その学校の悪餓鬼グループが屋上に水入りのバケツを多数用意して待っていた。そして屋上から、校長めがけて多量の水をぶっかけたのである。校長は屋上のほうを向いて「歓迎ありがとう。みんなであとから校長室へおいでよ」とそのまま校長室へ入ってしまった。悪餓鬼たちはすぐさま肩をいからせて校長室へやって来た。その校長はびしょ濡れの背広のままで、みんなに甘い紅茶を入れてやった。グループのリーダーとおぼしき生徒がすかさず言った、「紅茶で俺らを買収する気か」と。校長はすぐさま「おまえらは紅茶一杯で買収されるようなやつなのか。そんなやつらなら、とっとと帰れ」と。リーダーは詫びを入れ「こいつが校長の間は学校での悪は許さない」とメンバーを振り返った。これで態勢が決まったのである。手荒い歓迎は、大切なイニシエーションなのである。しかし、なかなかこの校長のようにはできないものである。手荒い歓迎を喜び、しかも、びしょ濡れのままで生徒たちを歓待したのである。着替えていたのでは、この迫力は生まれない。コンフロンテーションの見事な例と言えよう。コンフロンテーションの基盤は当人のオープンさである。このような校長がいると組織は立ち直れるのである。

しかし、なかなか難しい。難しいことは、物理的な尺度から入るのがよい。「オープン」を実行するために、まず筆者は在室中は校長室のドアを開けておくことにした。校長室というのは、成員にとって何とも言えないような敷居の高い部屋である。部屋を開けておくだけで、ずいぶん入りやすくなる。それに附属学校の校長職は大学の教授職との併任であり、大学の授業などが軽減されないことや設置場所が大学と異なっていることもあって、学校にいる時間が限られている。スクールカウンセラーと同じで、週二〜三回、一回の時間は特別な行事を除いて四時間程度である。校長室のドアを開けておくことは、校長が部屋にいるというサインになる。

ドアを開けておくだけで、いろいろな来訪者がある。決まった用事のある人は、ドアが開いていてもきちっとノックして、ストレートに入ってくる。おもしろいのは、のぞく人たちである。のぞいたときに目が合うと、「なにか」と声をかける。ほとんどの人は「べつに」と答える。そのときに「どうぞ」と声をかけて椅子を示すと、不思議なことに多くの人が座る。自然に待っているど話を始める。このときの話は雑談のように見えてもカウンセラーに聞いてもらいたい話である。筆者はそれらの人々をいわゆるクライエントのようには見ない。筆者自身は、自然に話を聞く人になるようにしている。これが日常場面でのラポールができる自然のプロセスではないだろうか。大きな秘密の話は、日常場面で接する機会のある者同士では、気が重い。軽い悩みや雑談ができると、関係が正常になり、日常場面での引っ掛かりが少なくなり、集団がスムーズに動く。スクールカウンセリングで、休憩時間にルームに遊びに来るグループが多い学校では、それだけでカウンセラーは心の潤滑油として機能していると言ってもよい。スクールカウンセラーが、重くて深い問題ばかりを重視していると、木を見て山を見ずになってしまう。むろん、山ばかり見て木を見なければカウンセリングにならないが。

養護学校の児童の中には、三輪車に乗って、校長室を数回走り回ってから、教室に行く者もいる。校長室を偵察しているのである。このような児童は通常それ以上の関係を、校長と持とうとはしないが、校長が児童にとって安全な存在であるというメッセンジャーの役割を、彼ら自身は意識していないが、自然に果たしてくれている。児童・生徒との関係ができていると、校長の役割の三分の一が果たせたと言える。

IV　成員と組織を信頼すること――「ノー（NO）」を言わないこと――

カウンセラーの条件に受容ということがある。これは「ノー」を言わないことだと思っている。この条件はリーダーにも当てはまる。「ノー」を言わないことと「ノー」が言えないこととは本質的に違う。「ノー」が言えないのは、「ノー」と言いたいのに、当人の自我の弱さから「ノー」が言えないのである。「ノー」を言わないのは、「ノー」を言う必要性がないからである。もう少し積極的に言えば、「ノー」を言わなくてもいい状況に、今の状況を当事者間で変えるようにすることである。

リーダーが「ノー」を言いたくなるのは、それを実行するには危険が多すぎたり、実現可能性が少ないと感じるときである。心理的には、その案を実行することに、リーダーが不安を感じているときである。失敗したときの損失と責任をリーダーが負わされるときである。それならば、「ノー」を言わずに、リーダーは不安や危惧を具体的に述べればよい。部下が納得できる説明をしてくれれば、「イエス」と言えるし、それでもまだ説明に不安があれば、より具体的にその不安を言えばよい。そうすれば、リーダーが不安神経症でないかぎり、最後には「イエス」になる。

あるとき、修学旅行を三カ月後に控えた時点で、今までの修学旅行を見直したい、と教頭（副校長）に中学部の修学旅行担当教員が言ってきた。養護学校の修学旅行は、生徒が障害を持っているため、下見も健常児のそれとは比べものにならないほど念入りである。そうしないと不測の事態が起こる可能性があるからである。その年度の修学旅行も半年前にすでに要綱ができていた。附属学校は校長が併任であるため、通常は副校長が実務の相談にあたっている。ときの副校長は、性格は温厚で、決断力があり、生徒や職員に対する配慮が行き届いているすばらしい人であった。彼もたいがいのことには「ノー」を言わない人である。しかし、このときは別であった。これから計画を抜本的に見直すには時間がかかるし、彼の長年の経験からみて、予約一つをとってみても、今から前の予約をキャンセルして、新たに障害児を受け入れてくれ、しかも安全で快適に過ごせる宿舎を獲得するのは大変なことであった。彼は、今年はこれまでの計画どおりに実施し、来年度は最初から新しい考え方で実施したらどうか、と提案した。しかし、副校長の言うことに一理あるとは思いながらも、その学年の教師たちは不満であった。このようなときに、教師たちの頭に浮かぶのが、カウンセラー（校長）に相談しよう、である。

カウンセラーがまず思ったことは、副校長の考えは妥当であり、正しい。同時に、当該学年の教師たちが、現実的なこと、準備時間の切迫や他の現実的問題をわかっていないはずがない。それでも修学旅行を抜本的に変えたいと感じることには、よほどの現実的・心的・意欲的・象徴的などの理由があるはずである。教員が意欲を欠いている行事を実行することこそ危険が多い。そこで、まず教師たちの思いを聞くことにした。教師たちは言った。「修学旅行が形式化してきている。子どもたちに、より自然で迫力があり、身体にしみ込むような体験を修学旅行で味わわせてやりたい」。内容もかなり具体化されていた。自然が多い牧場に行き、できれば子牛の誕生や乳搾りを体験させてやりたい。中学部は毎週山歩きをしているので、山登りもさせてやりたいなど、なかなか楽しくて盛りだくさんの計画である。それだけに、たしかに、今からこれを計画し、実行するというのは、副校長の心配もわかるというものである。カウンセラーの頭に豊臣秀吉の「一夜城」の風景が浮かんでいた。教師が計画するのだから、そんなに空想的なものではない。意欲こそがものごとの成就の要である。しかし、何分データの少ない新しいことをするのであるから、情報が多いほどよいのも確かである。やる気に多くの情報がプラスされると、この計画は画期的なものになる。それには、もっと大きな目的・構想があるほうがよい。カウンセラーには、他の公立の養護学校の校長や教員に多くの知己があった。そこで、「修学旅行を改革しようとするのはすばらしいことだ。われわれの附属養護学校は研究・実験校である。そこで、これこそ現在の修学旅行だと言える、〝ザ・修学旅行〟をしようではないか。私はいろいろの養護学校の修学旅行のデータを早急に集める。そして、そのお礼にわれわれの〝ザ・修学旅行〟計画書と実践記録を送ろうではないか」と提案した。教員たちは目を輝かせて、計画と実践に取り組んだ。カウンセラーは、かなりの数の養護学校の担当者にわれわれの主旨を述べ、データの協力を願った。ありがたいことに、それぞれの養護学校にはお礼の申し上げようがないくらい積極的にご協力いただいた。教師仲間のよさと教師の心を感じた。この修学旅行の結果は申し上げるまでもないことだが、天候にはあまり恵まれなかったが、大成功だった。何よりも生徒たちが喜んでくれた。教師集団の団結と自信が高まった。これに刺激されてか、このあと続々と新しいアイデアが提出され、実行されていった。燻製の装置ができたり、陶器窯が充実したり、校舎内や校庭のあちこちに廃材を利用した手作りのベンチができたり、そのほか目に見えないところにも多くの改善や新しい試みがなされたのである。教師のやる気が高まり、これに児童・生徒が応えていった。管理職から「ノー」を言われないということが、どれだけ教師そして生徒に活力を与え、自覚と責任を促すかは、ロジャースの理論と実践のとおりだった。

V　外部の圧力を調整し（変圧器になり）、内部組織と外部組織の調和を図ること

筆者が校長のときに外部からの圧力と内部の対立をもたらした二つの問題が起こった。一つは「日の丸君が代」問題であり、もう一つは「学校5日制」施行の問題である。前者は文部省（現・文部科学省）と教員間の対立で、後者は保護者と学校側の対立である。

「日の丸君が代」問題のため、最近校長が自殺するという痛ましい事件があった。体制側と反体制側の闘争は、いつの時代でも血を見ないと治まらないことがあるような大問題である。そのわりには、時代が変化すると「あれは何だったのか」と思えるような、不思議な思いを抱かせる。

大学紛争時代に在学した筆者には、今の学園の雰囲気の中で、「大学紛争」とは何だったのか、と思わずにいられないときがある。大学紛争によって、何名もの級友が大学を離れ、その中には命を失った者もいる。恩師の中にも怪我をされたり、過労のため急死された方もいる。歴史的・政治的評価はいろいろあるだろうが、心理的に矮小化した自分の直観では、時代の潮流の変化における青年期の自立の戦いと似た感じがしている。人間は個人的に人格の成長をどこかで目指しているように、国家も組織も成熟を目指さなければならないのかもしれない。心理的成熟には、いわゆる「悪（影・反対者）」が必要であり、あるいは不可分的についてくる。成長とは、「悪」を受け入れることである。「悪」を受け入れることは、「悪」を為すこととは異なるのであるが、ある局面では両者の区別は不可能である。それは、すべてのことに「正・反」二つの要素があるからである。二つよいことも、二つ悪いこともあるものではない。

◇「日の丸君が代」問題

「日の丸君が代」問題の底には、第二次世界大戦でのわが国の侵略に対する罪の感情がある。侵略思想の基底には、差別意識と自己の不安感が内在されている。侵略者側の理由の一つは、いつでも「他国からの侵略に対する自衛の必要性」である。侵略する側が、侵略されるのではないかと怯えるのである。防衛と過剰防衛（攻撃）は対になって現れることが多い。障害児の養護学校は、差別に対しての意識が高い。

具体的にどのようにしたかは、この問題が現時点でまだまだ問題化する恐れがあるので、ここで詳述することは避けるが、「日の丸君が代」問題の着地点は、入学式や卒業式という、いわゆる儀式の持つ心理的・社会的意味――個人的イニシエーションと社会による意味と承認――をお互いに確認しあい、われわれの組織に最適な儀式を行なうことであった。政治的色彩を帯びる問題に対しては、とかく論理的な討論になる。たとえば、「君が代日の丸」の法的な根拠や内容の国民に対する意味などである。論理的討論は必要ではあるが、論理には正しいことがいくつもあり、それらが正反対のこともある。「急がば回れ」と「チャンスは前髪をつかめ」や「虎穴に入らずんば、虎児を得ず」と「君子危うきに近よらず」のようにである。最悪なのは、虎穴に入ってビビルことである。それこそ虎の餌食になってしまう。

下手に論理的討論をすると、本来ならば協力関係にあるメンバー同士がお互いに感情的になり、それ以外の問題でも引っ掛かり、組織の凝集性と建設性がますます失われてしまうことになる。そして、本当の評価は歴史を待つ以外にはないのではないか、と思われるのである。この問題に関しては、相当の時間をかけて話し合った。カウンセラーは論理的・感情的にならずに、われわれの儀式を考え、その意味が実現できる形式になるようにファシリテートしていった。問題は一応それで治まった。

❖「学校5日制」問題

「学校5日制」に関しては、心理学的には「休憩効果」の意味と実際に「休憩効果」を持つような「休憩」の仕方を考えることである。一般校では学習の問題や塾の問題が議論されていたが、養護学校では休みが増えたときの保護者の児童・生徒に対する対応の問題であった。障害児が家にいるのと健常児が家にいるのとでは、保護者の負担が異なるのである。夏休みもできるだけ短いことを希望する保護者もある。

この時点での文部省（現・文部科学省）の考えは、現代社会においては親も子どもも余裕をなくしており、忙しさのあまり自分自身を見失いがちになっている。子どもに時間的余裕を与えて、狭い意味での教科学習を離れて、自然や自己を学ぶ機会にしたい、ということであった。それとグローバル・スタンダードとして、労働時間の短縮による貿易の均衡をアメリカから要請されていたからである。すでに、銀行や役所が「週休２日制」に入りつつあった。学校が「学校５日制」になれば、子どもと親の時間の過ごし方を考えなければならず、社会に「週休２日制」が拡大する大きな要素になる。しかし、当時の「学校５日制」はまだ実験段階で、抽出された学校が月一回の土曜日を休みにする試みをするということであった。附属養護学校は文部省の実験校には選ばれていなかったが、この問題は早急に対策を考えておく必要があると筆者は思っていた。「週休２日制」と「学校５日制」は、先進工業国では常識になっている。これからの世界は、グローバル・

スタンダードで動いていく。今のグローバル・スタンダードは西欧中心で、自国の文化との兼ね合いが問題点ではあるが、労働時間や賃金体系など、世界貿易の基準を平等にし、それを活発にするには、グローバル・スタンダードをどのように独自の文化に取り入れるかの問題であり、それは近未来の大きな課題である。

「学校5日制」はまず教員に提案された。文部省が月一度の「学校5日制」を実験段階で示したときに、全週「学校5日制」が校長から検討を要請されたのである。教員は最初の段階ではとまどっていた。教員は、「まず児童・生徒に対する影響がどうか」を考える習性がある。しかし、今回は、自分自身にとっての意味を検討するのが、校長からの課題である。自分にとっての意義があれば、次に子どもたちにとっての意味、それにも意味があると思えたら、親（保護者）にとっての意味を考えようと提案したのである。とかく「学校5日制」のような提案が文部省から提示されると、そのことだけでアレルギーを感じる人は、ともかくまず児童・生徒の立場から考えようとする。それ自体は間違ってはいないのだが、順番が違うと筆者は思っている。なぜかと言うと、たとえば「安楽死」の問題でも、一人称と二人称と三人称では思いが異なる。他人のことになると、感情が大きく関係する「人の死」に関しては議論を避けたい心理が働き、理想論的になる。理想論ではものごとは動かない。ある条件の下で自分が「安楽死」を願うのか、家族のそれか、他人のそれかでは、その意味はまったく違うと言ってよい。障害児に関しての問題として、妊娠中の子宮内検査による、障害の有無の検査の是非があるが、一般人（男女）、障害児教育に携わっている人、障害児に関心を寄せているが自分は障害児を持っていない人、現に障害児を抱えて苦労している人、障害児を育て上げた人などによって、また、この問題を質問する人との関係によって、答えは違っている。大きい問題ほど、第三者的になってはよい解決への具体的方向は見えない。

教員集団の賛意は思ったより早く得られた。教師は忙しすぎる。毎週が連休になると余裕が格段にできるからである。教師は次に子どもたちのことを考えた。子どもたちが、学校を離れたところで過ごすことの意味はかなりある。障害児には体力の乏しい子どもや緊張しやすい子どもがいる。そのような子どもにとって「週休２日制」は、体力回復と緊張緩和の効果は大きい。実質的に「週休２日制」（週の半ばで休む）の子どもも、低学年の子どもたちの中にはいる。だから、連休にしないで、週の中日に一日の休みのほうがいいのではないか、と提案をする教員もいた。実施の方法には工夫の余地はあるが、「学校５日制」には賛成の意見が多く、各学部とも意見はそれでまとまった。問題は、保護者である。

前にも述べたように、障害児のケアは健常児のそれとは比較にならないほど保護者に負担がかかる。社会全体が「週休２日制」になっていない現在において、「学校５日制」が実施されれば、父親の休みが週一日のため、母親の負担が飛躍的に増大する。共働きの家庭では特に負担が大きい。教員は学級懇談会や保護者一人ひとりとこの問題について話し合ったが、反対が多くて実施は無理ではないか、との意見が教師から上がってきた。そして、校長と保護者の全校会議を持ってほしいとの要請が、教師・保護者の両方から上がった。そこで、全校集会が持たれた。この集会は、いつもの和気あいあいの雰囲気とは異なって、緊張した雰囲気が会場を包んでいた。保護者から多くの疑問や現状で「学校５日制」が実施されたらどのような問題が現実に起こるかが話された。校長はそれらの考えはもっともだと思いながら聞いた。最後にある保護者から、「学校5日制は先生方には、いいと思います。子どもにとってもいいことはあるでしょう。でも、保護者にとってはどのようなメリットがあるのでしょう」との質問があった。筆者は「保護者にとっての最大のメリットは子どもと一緒にいる時間が増えることです。親にとって子どもと過ごせる時間が増える以上のメリットを私は知りません」と答えた。一瞬どよめきに似た音声が会場を包んだ。実際の実施方法と保護者の問題は具体的に考えることにして、これで「学校5日制」の実施が決まった。

「学校5日制」の実施は、最初月二度にすること。学校を開放して、参加できる教師と保護者は参加すること。教師は子どもを見るのではなく、親子が一緒に活動できる援助をすること。親に子どもと遊ぶ方法や技術を教えるのである。「学校5日制」を実施したところ、問題はほとんどなく、三者ともに好評であった。児童・生徒は、時間割りに関係なく好きなことを一日中できる。休み時間しか乗れなかった自転車に一日中乗っている子どもがいた。好きなことを好きなだけできると、子どもは落ちつく。運動場は、自動車が通らない安全な場所である。親子で木工、紙梳き、陶芸やバレーボール、キャッチボール、縄跳び、プールなどのスポーツを楽しんだ。やがて、作品展や保護者主催のスポーツ競技も行なわれるようになった。保護者は当番を決めて、交代で子どもをみたり、学年で相談して、公園や海に出かけたり、学校以外での活動も自然と活発になっていった。

筆者の印象に残ったある保護者が話してくれたことである。いつも子どもを学校へ送っていく途中で、学校の最寄りの駅に着くと、子どもが地下鉄が暗闇から走ってきて消えていくのを見たがった。何台かはそうしていたが、始業時間が近づくと、どうしても途中でやめさせて学校へ連れていった。しかし、「学校5日制」になって、月二回は子どもが好きなことをやめずにさせてやろうと思った。最初子どもは、半日地下鉄の行き来を見ていた。それを数回徹底してやらせてやると、学校のある日はしなくなった。次に新幹線を見に行った。これも半日以上見ていた。そして、満足すると、必ず自分からもう帰ると言うことを、親は知った。好きなだけ好きなことをさせると、頑固だと思っていたわが子が実に従順に親の言うことを聞くこともわかった。子どもが、どうして地下鉄や新幹線に興味を示すか、どのような観点で電車を見ているかが何となくわかり、子どもの楽しみを共有できるようになった。そして、これが子育ての醍醐味なのだ、とわかったのである。「子どもと一緒にいることができる時間」の楽しみが、保護者の間に広がるにつれて、自然と「学校5日制」が定着していった。

人間はどこか保守的である。それが自己の安全につながるからである。しかし、世の中と時間はたえず変化する。経験しないと味わえないことも多い。経験の枠を広げていくのが、人間が他の動物と異なるところなのである。制度や方法の変革の提案は、わが国では上位下達の雰囲気がある。下からの盛り上がりが大切なのだが、なかなかこれが難しい。「甘えの構造」がみんなにあるためであろう。「中空構造」と「甘えの構造」の利点をうまく生かすことができると、心地よい変化が生まれる。学校では、スクールカウンセラーがエンカウンター・グループの日本的なファシリテーターとなることも一つの方法だと思える。それには、日頃からカウンセラーがそのような雰囲気を持っていることが大切であろう。

VI 心理療法の専門家として貢献できること——子どもの心の理解——

スクールカウンセラーの最大の特質は、専門家として子どもの心がわかることである。学校において児童・生徒の心がわかり、子どもと接している現場を教師とともに体験できることが、教師にスクールカウンセラーの意味を理解してもらえる最大の利点である。次に、その事例のいくつかを簡単なことから述べてみよう。

◈頭をなでること

障害児は言語によるコミュニケーションに制限があるため、人とコンタクトを持ちたいと思うときに、しばしば叩くことがある。叩くことは一般的なコミュニケーションとしては敵対であるため、コンタクトを持とうとしているのに喧嘩になる。コンタクトを求めている子どもとしては、結果が思いと違う方向に行く。思いが成就されないため、叩くことが繰り返される。あるとき、そのようなコミュニケーションをとっている児童が筆者に近づいてきた。筆者とコンタクトを持ちたいのだと思ったので、彼が手を挙げたそのときに「なでなでして！」と筆者は頭を差し出した。彼は筆者の頭を優しくなでてくれた。そして、次に自分の頭を差し出した。筆者は丁寧に彼の頭をなでて返した。それ以後、彼は筆者と目が合うと筆者の頭を指さした。筆者は頭をなでてもらい、彼の頭をなで返した。それは彼との挨拶の仕方になった。これを見ていたほかの児童も筆者の頭をなでたがった。そして、自分の頭を筆者になでてもらいたがった。筆者の頭には髪がないので、なぜるには気持ちのよい頭をしていたのも一因かもしれないが、ときには頭をなでる行列ができたものである。この結果、筆者は四年間の任期中、子どもたちから一度も叩かれたことがなかった。

◈学校緘黙について

学校緘黙は話すことができるのに、学校場面では話せなくなる、神経症的症状である。神経症症状はどのような神経症であっても、環境が大きく作用している。学校緘黙は場面緘黙と言われるように、場が症状に大きく影響している。不登校も休日や下校時以降はその症状が軽減されることが知られている。中学部や高等部から養護学校へ進学してきた生徒の中には、一般校に在学中は学校緘黙だった子どもがいる。彼らは養護学校に入ってしばらくすると学校緘黙症状がなくなる。

養護学校には、言葉がなく話せない子どもがたくさんいる。話ができる子どもたちと話せない子ども同士、直観や非言語的コミュニケーションと言葉で、大人と子ども以上に自然にコミュニケーションをとっている。子どもたちにとって、言葉を話さない友達がいることは、養護学校では自然なことなのである。緘黙児が自分のクラスに入ってきたとき、級友たちは彼を言葉が話せない人として自然に受け入れている。言葉を話すことができない級友たちも彼らとコミュニケーションをとろうとする。今まで、しゃべらない彼を特別な人と見ていた場面と、養護学校はまったく異なる雰囲気と場を持っている。養護学校では、しゃべらないこともしゃべることも特別な態度ではないのである。すると場面緘黙に神経症症状としての意味がなくなる。当然のこととして、話せる生徒は自然に話しだす。

アメリカでは、養護学校で障害児と優秀児が一緒に学ぶ試みがなされている。日本では統合教育と言っても、一般校に少数の障害児が一緒にいるだけである。障害児のほうが健常児より弱い。多数の強い者の中に、少数の弱者を入れる場は、対等にはならない。養護学校に少数の健常児を入れて、ともに役に立つ教育をするのが真の意味での統合教育ではないかと思われるが、健常児を持つ保護者の意識を変えるのは、日本ではたいへんなことであろう。また、両者に役立つ教育の場を、今の養護学校で提供することも相当の変革がいるように思われる。それでも、学校緘黙の子どもの治療に、養護学校が意味を持つことは確かである。

❖父親の会

父親の子育て参加の必要性が言われている。障害児の子育てでは、父親の積極的な参加がないと母親の負担が大きすぎる。養護学校では、学期に一度くらいの割合で、父親の会が持たれている。父親の参加が主たるものであるが、むろん両親が参加してもかまわない。父親の勤めを考えて、夕方六時頃から会は開かれる。場所はその時々によって異なったが、食事ができる交通の便のよいところで開かれた。プログラムは、まず筆者が一五分くらい話をして、質疑応答のあと、一緒に食事をする。

スクールカウンセラーは、保護者や教師を対象として話をすることがけっこう多い。父親の会はそれと似た機能を持っている。筆者は、日頃子どもたちと接している中で、父親の助けが必要だと思われる話をすることにしている。たとえば、あるときには次のような話をした。

養護学校では、宿泊訓練がある。そのとき、高等部の生徒と一緒に風呂に入った。入浴介助が必要な生徒もいるし、裸のつきあいが親密感を増すからでもある。風呂場で、二〜三人の生徒がタオルに石鹸をつけていたのだが、タオルを湿らさずに石鹸をつけていた。一緒にいた教師にこのことを言うと、小さい頃は母親が一緒に入ってケアをし、大きくなっても一人で洗うことを教えられていない生徒がいる、ということであった。要するに、父親が一緒に風呂に入ってやっていないのである。高等部になると、よほど重度の生徒を除いては、生徒も母親と一緒ではいやだし、母親に裸を見られるのもいやである。子どものときの入浴ケアと大人のそれとの間の橋渡しができていないのである。私自身、このときの経験に少なからずショックを受けた。そこで、この話を父親にした。父親の中には信じられないという思いの人もいたが、かなりの父親はショックを受けた。家庭の風呂は小さいし、この年になると息子と一緒に風呂に入ることは通常はない。しかし、男の子の教育は父親しかできない部分があることも確かである。その後、何人もの父親が息子と一緒に風呂に入った。そして、筆者の話が事実であることを知って、改めてショックを受けると同時に、父親の関わりの必要性を感じられた方も多かった。そのうえ、入浴作法はできていたが、性教育やスポーツ、ゲーム、子どもの世界への関心の持ち方など、父親が関わらないとできない多くのことが父親に体験された。

スクールカウンセラーは、できれば多くの行事に参加し、そこで専門家の目で見た発見を保護者に伝えるのがよい。それは、単に「思春期の心の理解」という題で話をするよりも、保護者や子どもたちに役立つと思われるからである。また、父親と一緒に食事をすることは、親密さや関係を作るのに自然な場が用意されることになる。日常の関係ができていると、誤解やわだかまりが少なくなり、問題が起きても協力して解決する基盤ができ、無意味な対立の激化が防げる。このような会ができるのも、保護者の意欲もあるが、時間外に自腹を切って参加し、父親と積極的に関わろうとする教師の熱意があるからである。このような熱意を教師は持っているのだが、それを発揮できる雰囲気を養成するのが、管理職の役割であろう。それは、ふだんの教師とのコミュニケーションと「ノー」を言わないことと関係する、と思われる。スクールカウンセラーは管理職ではないので、そこまでは踏み込めないかもしれないが、管理職をフォローし、コミュニケーションをよくすることで、ある程度可能なのではないかと考えている。

◇臨海でのこと

臨海に行ったときのことである。彼は四年生の男の子である。いまだにトイレの自立ができていない。言葉もない。中度の知的障害児である。彼は疲れを知らない体力を持っていた。子どもたちの水泳のウォッチャーを筆者がしていたときである。彼は海を楽しんでいた。表情に乏しい子どもなので、顔からは判断できなかったが、休憩時間でも水に入ろうとしたし、水から出るのを渋っていたから、楽しんでいたのだと思う。彼は泳げないということだった。水に親しんでいるようすを見て、彼は泳げると筆者は直観した。そこで、水泳の達者な先生方を三人選んで、彼を沖に連れていってみるように頼んだ。彼は海を怖がっていない。沖の背の立たないところへ行って彼を放した。彼は一瞬沈んだが、水も飲まずにすぐに浮き上がり、犬かきをはじめた。しばらくそうしていた彼は、次に立ち泳ぎをしだし、ついにはクロールまで始めたのである。教師のほうがこの発見に驚いた。誰も彼に具体的に水泳を教えていない。彼に教えるとなると大変である。教えられないであろう。トイレの訓練さえできないのであるから。

人はもともと教えられなくても泳げるものである。新生児は体温くらいのお湯に入れてやると、少し支えるだけで泳いでいる。彼が泳げなかったのは、今まで泳いだ場所がプールであり、そこは足が立ち、泳ぐ必要がなかったからである。

次に教師たちは友達が泳いでいるはるか向こうの防波堤の近くまで連れていって、彼を放した。彼は泳ぎを楽しみながら、クラスメートのほうへ泳ぎだした。息継ぎも自然だった。それに、水をうまく飲むのである。われわれが水を飲むと肺に入ってしまい、とても泳ぎを継続できないのだが、彼は水を胃に入れるように飲めるのである。そのため、その晩先生方は彼のたび重なるおねしょに悩まされた。彼の水泳から水を飲まないようにするのは無理であった。飲んでも平気だから、飲まないように教えることができないのである。

次の年の臨海では、彼が泳げるのがわかっていたので、自由にさせていた。彼はたらふく水を飲んだ。しかし、その年は海水が汚れていたのか、不幸なことに彼はひどい腸炎を起こしてしまった。そのため、彼は下痢に悩まされ、臨海学校の間中寝ていなければならず、大好きな水泳ができなかった。教師たちは病気にさせたことを反省した。

その次の年の臨海では、彼を泳がせるかどうかが問題だった。泳がせると水を飲み、また腸炎を起こしかねない。しかし、大好きな水泳を、海を前にしながらあきらめさせるのはなんとも酷なことである。彼に水を飲まないように言い聞かせて水に入れた。彼が教師の言うことを理解し、それに従うかどうかは、日頃の彼の在り方からして疑問だったが、教師たちにはそのようにするしか手段がなかったのである。人間は経験から学ぶ。それは障害児であっても変わらないことが示された。彼は水を飲まずに、息継ぎだけで泳ぎだしたのである。子どもを基本的に信頼し、見守る。それはスクールカウンセラーにとっても、教師にとっても、親にとっても子どもに対する基本的態度である。なかなか待てないもので、干渉を子どものためと合理化しがちであるが、心理臨床家は待つことができる専門家なのである。

Ⅶ　まとめにかえて

校長はスクールカウンセラーと違って、法的権限を持っている。入学・卒業認定や教職員の人事具申やそのほか学校での法的権限は校長一人に集中していると言える。しかし、わが国の文化の特徴である中空構造により、集団の成員の思いが醸しだす雰囲気でものごとが決定されていく。これは日本型民主主義の特徴であるが、責任が分散されて、誰も最終的には責任をとらないか、スケープゴートとしてきわめて重い責任を一人または数人が負うことが多い。そして、全体としては謝罪しないことが特徴的である。先の大戦での責任のとり方で、ドイツと比べてみるとこのことはよくわかる。だから、いまだにわが国は謝罪を要求されている。世界の人から見ると本当に責任をとって謝罪していないからである。少なくとも、そのように世界の多くの国から見られるのである。

このことは集団の士気がどれほど組織に大きな影響を与えるかと言うことにもなる。それはみんな一緒の文化を持っているからである。士気（モラール）の醸成にしても、欧米型のリーダーでは、日本型集団の士気は高まらない。リーダーはリードする人と言うよりは、集団を調和させる人である。最初に述べたように、管理職は管理する人ではなく、自己管理を促進する人なのである。

ロジャースのカウンセリング理論があれほど流行的に取り入れられ、しかも、日本的ロジャース派に変容したのも、非指示的・クライエント（相手）中心的というのは、日本文化が本質的に持っていたからである。非指示にしても、相手中心にしても、言葉の中身は、アメリカ人であるロジャースの意味していることとはずいぶん異なっている。ロジャースが来日したとき、「自分はロジャースであって、ロジャース派ではない」と言った逸話は、本来ロジャースが思っていたことと、彼の思想が日本化したものとの差異を彼が顕著に感じた証拠だと言える。

校長は法的権限は持っているのだが、それを権力的に行使せずに、スクールカウンセラーやファシリテーターのように、全構成員の士気が高まるような役割を果たすのがいいというのが、私の四年間の校長体験の結果である。そして、もう一つ大切なことは、最終責任をいつでも自分一人でとるという覚悟である。これがリーダーとしての唯一のアイデンティティだと思われる。責任をとらずに言い訳して逃げ回るのが、日本型・中空構造型リーダーの最大の欠点だからである。日本型リーダーはみんなのことを考えて、みんなの思いを、自分は名前だけで実施した、との思いがあるために、最終責任の段階になると、どうして自分一人の責任なのかという思いが募る。日本型集団が瓦解するのは、このようにリーダーが思ったときである。スクールカウンセラーは学校でのリーダーの心の指南役として活躍できると、その役割は飛躍的に効果を発揮する。今、学校はまさに戦国時代の様相を呈している。スクールカウンセラーは、戦国時代の軍師の役割に似ているのではないだろうか。

最後になったが、本稿を終わるにあたり、四年間筆者を支え、一緒に難問に取り組み、貴重な体験をさせてくださった、綾部捷先生をはじめ養護学校の職員、児童・生徒、保護者のみなさんに御礼申し上げる。

●文献

河合隼雄・大塚義孝・村山正治監修『臨床心理士のスクールカウンセリング』（１）（２）（３）、誠信書房、一九九八
河合隼雄『中空構造日本の深層』中央公論社、一九八二
東山紘久「これからの学校カウンセリングと学校カウンセリングの問題」氏原寛他編『学校カウンセリング』第8章、ミネルヴァ書房、一九九一
東山紘久・薮添隆一『学校カウンセリングの実際』創元社、一九九二
東山紘久・綾部捷編『21世紀の障害児教育とこころ』ミネルヴァ書房、一九九三
松原達哉編『学校カウンセリングの考え方・進め方』教育開発研究所、一九九四

●初出

「スクールカウンセラーの機能・役割・責任――校長体験から――」京都大学大学院教育学研究科附属臨床教育実践研究センター紀要、3、62〜76、二〇〇〇

第9章　スクールカウンセラーとして臨床心理士の今後の課題——まとめにかえて——

かなり前のことになるが、神戸の高等学校で遅刻する生徒が教師の閉めた校門にはさまれて死亡する事件が起こった。学校や管理職、門を閉めた教師個人から今の教育のあり方、生徒と教師の人間関係、現代の子ども気質までいろいろな議論が行なわれた。これまで学校に問題が起こるたびに、どこかで教師と生徒の人間関係が問題になり、学校カウンセリングが取り上げられてきた。ここ一〇年間、従来の非行に加えて、不登校、校内暴力、いじめ、心身症、自殺とマスコミの報道効果もあるが、子どもの問題はいつも社会の中心問題の一つである。問題が取り上げられるたびに原因が論議されるが、それらは受験競争の激化、学歴偏重社会、地域社会や家庭の変化などで、原因究明議論はそれこそあまり変化していない。対策のほうも教師・学校と保護者の関係をよくする、教師・生徒の人間関係を改善する、教師の資質や学校のあり方を向上させる、などこれもあまり変わっていない。具体的なあり方として学校カウンセリングはいつも話題にのぼり、教育委員会を中心とする研修会が盛んになる。その結果、学校カウンセリングは、あんな生ぬるいやり方はだめだとの否定派と、学校カウンセリングこそ問題解決の切り札だとの信奉派と、その対立を冷ややかに見つめる傍観派に分かれ、一部の学校や地域を除いて学校カウンセリングの実効はあまり上がらない。これまで二〇年以上学校カウンセリングの研修や教師カウンセラーのスーパービジョンに携わってきたが、何年か周期で学校カウンセリングに対して期待と失望を繰り返し持ってきた。

現在はこれらの動きの波動がスクールカウンセラーの必要性のほうに傾いている。文部科学省が調査研究をして効果のあることがわかって、本格的にスクールカウンセラーが全国の都道府県に派遣されて通算八年になろうとしている。この間に、日本心理臨床学会総会や日本臨床心理士会の全国大会のシンポジウムでこの問題が討議された。スクールカウンセラーと一言にまとめても、実態は受け入れ校や都道府県の教育委員会の考え、地域性、そして何よりもスクールカウンセラー個人の技量によって多様である。日頃、学校およびカウンセラーと関わりの多い筆者の体験から、スクールカウンセラーとして臨床心理士に望むことを具体的に述べてみたいと思う。

I　日常と非日常の間に

カウンセラーの仕事は一般的には、個人が対象であり、密室でクライエントに会うことが多い。それは心の問題が、非現実的な世界に深く関わっているからである。前にも述べたが、心の問題は「わかっちゃいるけどできない、やめられない」ことで、理屈ではわかっているが、現実では理屈のようにできない行動が、引き起こす問題である。いじめがよくない行為であることは、いじめるほうもいじめられるほうもよく知っている。不登校の子どもたちも例外はあるが、学校へ行くほうが楽だし、都合のよいことを知っている。現実的な、日常性の枠組みからは、当事者はみんなその問題性に気づいている。気づいているのにできないのである。だから心の問題の解決には、日常性を一時的に棚上げにしておく環境や枠組みが必要になる。

不登校の子どもが登校できないのは、学校という日常場面から一時的にせよ避難しなければ、その問題の本質が解決しないことを彼らは本能的に知っているからである。が、世間やマスコミは、不登校やいじめを現実の日常的な問題の次元でとらえている。たしかに、不登校やいじめは、妄想などと異なって、行動それ自体は日常的な行動であり、問題である。しかし、これらの問題は社会全体のコンプレックス、その学校のコンプレックス、個人のコンプレックスや家族のコンプレックスと深く関わっている。これらの問題の解決は、数学や国語の学力の改善といったような、集団のコンプレックスとある程度切り離して解決できるような課題とは異なる。心の問題はマニュアル的な仕方で改善できる問題とも異なるのである。しかし、学校場面は日常性が支配している、まさに現実の世界である。そして、ユングが何度も述べているように、心の深い問題を解決するためには、現実的な力が必要である。問題が深くなればなるほど、現実吟味力がカウンセラーに必要になる。

スクールカウンセラーは、学校という日常場面に入って、非日常的な作業を行なう必要がある。そのためには、スクールカウンセラーには、カウンセラー自身の現実適応力と非日常・非現実の世界がわかる、二律背反的な力が必要になる。日常の世界と非日常の世界の交流をさせることができるコミュニケーション手段を持っておくことが大切になる。

II　柔らかさとオープンさ

学校にカウンセリングルームがない場合は、学校中をカウンセリングルームだと考えればよいということを先に述べた。

どうしても、大学の教育相談室のプレイルームに入らない自閉的な子どもに対して、大学全体をプレイルームにして、ダイナミックなプレイ・セラピーを成功させた経験を大学の相談室で研修したプレイセラピストならお持ちの方は多いと思う。学校なら、講堂の裏手や屋上に、授業をさぼったり、ドロップアウトした子どもたちのカウンセリングルームがある。砂場は大規模な箱庭となり、ジャングルジムやすべり台は野外プレイルームである。講堂の舞台はサイコドラマの舞台となり、体育館は大プレイルームになる。技術・家庭の実習室は、思春期の子どもたちの理想的なプレイルーム（活動療法の場）となる。これらの場所や設備は、校長と教科担任との関係やコミュニケーションが円滑ならば自由に使わせてもらえるし、校長や教科担任と協同でスクールカウンセリングをしてもよい。教師集団にカウンセリングの意味を体験的に知ってもらう最適の場となる可能性をこれらの場は秘めている。

学校では秘密が問題になるという。われわれの仕事は秘密がつきものであり、秘密が守れないと仕事にならないことも事実である。秘密を守ることの本質を考えないで、クライエントに関することで知ったことを言わないことと固く考えていると、協力者がいなくなってしまう。秘密は排他的なものだからである。排他的でなくて秘密を守るにはどうすればよいかを、カウンセラーはたえず考える必要がある。

母子並行面接で、子どものようすを聞きたい母親に対して、「お子さんがプレイルームでしていることは秘密です」と言ったら、母親はセラピストが怪しいことをしているのではないかと猜疑心を起こす。筆者は母親にすべてを話すという態度でいる。すべてを話しているのではない。すべてを一言で話すのである。一言で語ることが大切である。不登校の子どもの母親が、子どもが何を話しているのかを聞いたら、「学校へどうして行けないのか、行くのにはどうすればよいかを真剣に考えておられます」と言う。たいていの親はこの答えで満足する。むろん、カウンセラーと親の信頼関係があればであるが。

筆者が親に話したことは、ある意味で真実であることは、不登校のカウンセラーにはおわかりであると思う。また、このように聞く親は、親自身に子どもの問題に対する不安があることが多い。学校でも同じである。カウンセラーに生徒のことを聞きたい教師は、その子どもの問題に教師が不安を持っているのである。カウンセラーが一言ですべてを述べると、そのあとはたいてい親や教師の不安が語られる。それをカウンセリング的に聞いていると問題は解決の方向に行く。カウンセラーの心はあくまでも「柔らかく、柔らかく」である。

III　仲間の発見

日常場面で仲間を作るためには、スクールカウンセラーは対人関係がスムーズであることが大切である。必死になって仲間を作ろうとする必要はない。挨拶をハッキリきっちりしていると、カウンセリングに関心を持つ先生が集まってくる。カウンセリングに興味を持つ教師の中には、非日常的感受性が強いため、教師仲間から疎外されている人もかなりある。スクールカウンセラーと合い通じる感性の持ち主も多い。しかし、学校の中のマイノリティの教師とあまりにも密接な関係を持つと、スクールカウンセラーもマイノリティ派に組み込まれてしまう。集団に溶け込んで仲間作りをするには、集団力動の中心メンバーとの関係が大切になる。

むろん、マイノリティ派の仲間も捨てがたい。スクールカウンセラーが中心派とマイノリティ派の橋渡しができるような関係になると、スクールカウンセリングは半ば成功したと言っても過言ではない。これは難しいことではない。カウンセラーやカウンセリングに関心を寄せてこられる方や、カウンセリングに関心を寄せているメンバーに否定的・肯定的に関わろうとする人全員にオープンになり、先生方の話を傾聴すればよいのである。

IV

学校で誰が真相を知っているか

いじめが問題になったときに、マスコミのインタビューに対して、担任や校長は「気づきませんでした」とたいていの場合、答えている。真実を知っていて隠していることもあるが、だいたいは本当に実際に起こっていることを知らないことのほうが多い。うすうす気づいているくらいである。毎日子どもと接している親だって気づいていないことが多い。親は学校のことだから気づかなかったと言うが、学校での出来事でも子どもの変化に敏感ならば気づくものである。少なくともうすうすはわかるはずである。しかし、実際は本当にわかりにくいのである。子どもの問題だけでなく、心の問題は、当人が助けてもらえるとわかる人以外には、真実を言わないことが多い。関わりのある人（親や教師）に言うと、表面的に対処されるだけで、状況が悪くなることのほうが多いことを、本人たちは経験的に知っているからである。本人たちが安心していて、関係が薄いとイメージしている人のほうが真相を知っていることが多い。田中元総理の犯罪事実にしても、専属運転手のほうが真相を知っていたと思われる。家の事情は家人に聞くよりも、お手伝いさんに聞くほうが真相がわかることも多い。親は知らなくてもお手伝いさんが知っている子どものことは案外多いものである。

学校では、用務員さんや給食調理員さんや事務補佐の人のほうが、学級の状態や児童・生徒の状況を知っていることが多い。生徒は教師や管理職よりも、これらの学校の裏方さんの前でのほうが、自分自身でいることが多いからである。食器の返還状況や廊下や屋上や飼育小屋での子どものあり方で、子どもや仲間の状況が表現されている。ありのままを見ている人との人間関係をスクールカウンセラーが持っていると、真相がわかることが多い。問題は表側から見るよりは裏側から見るほうがよくわかるものである。

V　管理職との接し方

管理職が変わると職場の雰囲気が変わる。管理職はどこか孤独である。スクールカウンセラーが、管理職の心をオープンにして、語り合うことができるようになれば、スクールカウンセラーは学校運営の軍師になる。軍師とは知恵袋である。人生と心のあり方の知恵袋になるためには、専門的な知識はむろんのこと、カウンセラーの人格の成熟が必要となる。カウンセラーには厳しさとユーモアのセンスがいる。柔らかさとしなやかさがいる。スクールカウンセラーのまわりが笑いに包まれたら、問題が解決されるばかりでなく、問題の予防もできる。

学校では、法的な責任と権限はほとんどすべてと言っていいほど、校長にある。スクールカウンセラーはまず校長と良好な人間関係を保つことを考える必要がある。もし、校長に問題を感じたら、校長の相談役になり、参謀になり、カウンセラーになることを心がければよい。それが難しければ、第3章で述べたように御用聞きに徹すれば、校長のほうがスクールカウンセラーの使い方を見つけてくれるものである。

最後になるが、ここに書いたことをすべてできる人は少ないと思われる。われわれはみんな途上人である。その意味で、筆者が理想として歩みたいことを書いた。

●引用文献

東山紘久「スクールカウンセラーとして臨床心理士に望むこと」教育と医学、4、18〜23、一九九六

◆◇スクールカウンセリング・学校カウンセリング　文献一覧（単行本）◇◆

- 伊藤博監修、神奈川カウンセリング研究会編『学校カウンセリング』誠信書房、一九六三
- 國分康孝監修、石隈利紀他編『スクールカウンセリング事典』東京書籍、一九九七
- 石隈利紀『学校心理学』誠信書房、一九九九
- 伊藤美奈子『思春期の心さがしと学びの現場』北樹出版、二〇〇〇
- 井上洋一他責任編集『学校カウンセリング』岩崎学術出版社、二〇〇〇
- ウインスレイド、J他（小森康永訳）『新しいスクールカウンセリング:学校におけるナラティヴ・アプローチ』金剛出版、二〇〇一
- 上野和久『学校現場で生かすカウンセリング』朱鷺書房、二〇〇二
- 上地安昭『学校教師のカウンセリング基本訓練』北大路書房、一九九〇
- 鵜養美昭・鵜養啓子『学校と臨床心理士　子育ての教育を支える』ミネルヴァ書房、一九九七
- 氏原寛他編『学校カウンセリング』ミネルヴァ書房、一九九一
- 氏原寛・村山正治編『今なぜスクールカウンセラーなのか』ミネルヴァ書房、一九九八
- 氏原寛『実践から知る学校カウンセリング』培風館、二〇〇〇
- 大塚義孝編『スクールカウンセラーの実際』日本評論社、一九九六
- 大山正博他編『学校カウンセリング』中央法規出版、一九九三
- 岡堂哲雄・平尾美生子編『スクール・カウンセリング要請と理念』現代のエスプリ別冊、至文堂、一九九五
- 岡堂哲雄・平尾美生子編『スクール・カウンセリング技法と実際』現代のエスプリ別冊、至文堂、一九九五
- 岡堂哲雄編『スクールカウンセリング』新曜社、一九九八
- 小川捷之・村山正治責任編集『学校の心理臨床』金子書房、一九九九

- 尾崎勝他『小学校中学校　学校カウンセリング』誠信書房、一九六四
- 角田豊『カウンセラーから見た教師の仕事・学校の機能』培風館、一九九九
- 影山昌弘『子どもを救う学校カウンセリングの進め方』黎明書房、一九九九
- ガッチ、K・U&アルコーン、J・D（原野広太郎訳）『学校カウンセラーの役割と実務』学苑社、一九七六
- 河合隼雄・大塚義孝・村山正治監修『臨床心理士のスクールカウンセリング』全3巻、誠信書房、一九九八
- 河合隼雄『子どもと学校』岩波書店、一九九二
- 巨田尚彦『高校教育と学校カウンセリング』一九八一
- 桑原知子『教室で生かすカウンセリング・マインド』日本評論社、一九九九
- コウイー、H&シャープ、S編（高橋通子訳）『学校でのピア・カウンセリング』川島書店、一九九七
- 国分康孝編『学校カウンセリング』日本評論社、一九九九
- 沢宮容子『現代の学校カウンセリング』文化書房博文社、一九九七
- 塩見邦雄編『スクールカウンセリング』ナカニシヤ出版、二〇〇一
- 昌子武司『学校カウンセラーへの道程』教育出版、一九九五
- 高野清純他編『スクールカウンセラーと学校心理学』教育出版、一九九八
- 滝口俊子他編『スクールカウンセラーがすすめる一一二冊の本』創元社、一九九九
- 竹内健児『教師の悩み相談室』ミネルヴァ書房、二〇〇〇
- デュラン、M（市川千秋他編訳）『効果的な学校カウンセリング：ブリーフセラピーによるアプローチ』二瓶社、一九九八
- 友久久雄編『学校カウンセリング入門』ミネルヴァ書房、一九九九
- 友久久雄『学校カウンセリングの理論と実践』ミネルヴァ書房、二〇〇一
- 長尾博『学校カウンセリング』ナカニシヤ出版、二〇〇〇
- 長坂正文『学校カウンセリングの基本技法』ほんの森出版、二〇〇〇
- 中野良顕他編『学校カウンセリングと人間形成』学文社、一九九八
- 浪花博『学校カウンセリングの理論と実際』大阪心理

出版、一九八三
●鳴澤實編『学校・生徒相談入門：学校カウンセラーの手引きとその実際』川島書店、一九八六
●日本社会臨床学会編『学校カウンセリングと心理テストを問う』影書房、一九九五
●原田正文他『スクールカウンセリング再考』朱鷺書房、一九九七
●東山紘久・薮添隆一『システマティックアプローチによる学校カウンセリングの実際』創元社、一九九二
●平松清志他『学校教育相談の新しい試み』明治図書出版、一九九六
●平松清志『学校教育相談と保健室』明治図書出版、二〇〇〇
●真仁田昭編『学校カウンセリング』金子書房、一九九〇
●真仁田昭『学校カウンセリング辞典』金子書房、一九九五
●松原達哉編『学校カウンセリング講座一～五』ぎょうせい、一九八八
●宮田敬一『学校におけるブリーフセラピー』金剛出版、一九九八
●村山正治他編『スクールカウンセラー　その理論と展望』ミネルヴァ書房、一九九五
●村山正治『新しいスクールカウンセラー　臨床心理士による活動と展開』ナカニシヤ出版、一九九八
●村山正治編『臨床心理士によるスクールカウンセラー』現代のエスプリ別冊、至文堂、二〇〇〇
●諸富祥彦『学校現場で使えるカウンセリング・テクニック』誠信書房、一九九九
●文部省初等中等局中学校課高等学校課編集『スクールカウンセラー活用調査研究委託研究集録』一九九七
●文部省初等中等局中学校課高等学校課編集『平成八・九年度スクールカウンセラー活用調査研究委託研究集録』一九九九
●安村重己『教育相談の実際』創元社、一九七九
●山下一夫『生徒指導の知と心』日本評論社、一九九九
●吉川悟編『システム論からみた学校臨床』金剛出版、一九九九
●吉川ちひろ『モントリオールの学校で：カナダ・スクールカウンセラー体験記』ブレーン出版、一九九七

●著者紹介

東山紘久 ひがしやま ひろひさ

1942年、大阪生まれ。1965年京都大学教育学部卒業。1973年、カールロジャーズ研究所へ留学。京都大学副学長・理事・名誉教授。教育学博士。臨床心理士。著書に『遊戯療法の世界』『母親と教師がなおす登校拒否』『カウンセラーへの道』『プロカウンセラーの聞く技術』『プロカウンセラーの夢分析』『プロカウンセラーのコミュニケーション術』(以上、創元社)『箱庭療法の世界』(誠信書房)『来談者中心療法』(ミネルヴァ書房)などがある。

スクールカウンセリング

2002年8月20日第1版第1刷　発行
2006年6月20日第1版第3刷　発行

著　者……………………

東　山　紘　久

発行者……………………

矢　部　敬　一

発行所……………………

株式会社 創元社

http://www.sogensha.co.jp/
本社 〒541-0047 大阪市中央区淡路町 4-3-6
Tel.06-6231-9010 Fax.06-6233-3111
東京支店 〒162-0825 東京都新宿区神楽坂 4-3 煉瓦塔ビル
Tel.03-3269-1051

装　丁……………………

濱崎実幸

印刷所……………………

株式会社 太洋社

© 2002 Hirohisa Higashiyama, Printed in Japan
ISBN4-422-11278-3

東山紘久の本

プロカウンセラーの聞く技術

20万部以上の売り上げを誇る大ベストセラー。人の話をただひたすら聞くことは、実は簡単そうでいてとてもむずかしい。本書は、相づちの打ち方や共感のしかた、沈黙と間の効用など、聞き方のプロの極意を、わかりやすい実例を交えながら31章で紹介する。阿川佐和子さんも大絶賛。

◉四六判・並製・216頁　定価（1400円＋税）

プロカウンセラーの夢分析

夢のメッセージをとおして心の声を聞く技術。夢が人生を豊かに彩り、危機的な状況から救ってくれることを、やさしく明快に語る。トイレの夢や飛ぶ夢、遅れる夢など一般的な夢のほかに、自立の夢や死の夢、警告夢など、代表的な17のテーマについて、多くの事例を掲載。

◉四六判・並製・288頁　定価（1400円＋税）